SELBSTFINDUNG durch Ikigai

Der japanische Weg zum glücklich Sein, mit dem Sie deutlich selbstbewusster werden, Stress abbauen und Ihren Lebenssinn finden

inklusive Workbook

Akio Fischer

Inhaltsverzeichnis

Haftungsausschluss und rechtliche Hinweise

 Alle Quellen und Studien, die zur Erstellung dieses Buches herangezogen wurden, wurden vorher ausgiebig überprüft und für qualitativ hochwertig befunden. Dennoch erfolgt die Umsetzung der darin vorgestellten Methoden auf eigenes Risiko. Der Verlag und der Autor können weder Haftung für Personen-, Sach- oder Vermögensschäden übernehmen, noch für die Richtigkeit und Aktualität der hier enthaltenen Informationen garantieren. Beachten Sie, dass der Inhalt dieses Werkes auf der persönlichen Meinung des Autors basiert, zum Unterhaltungszweck dient und nicht mit medizinischer Hilfe gleichgesetzt werden darf. Bitte befragen Sie Ihren Arzt zu den in diesem Buch vorgestellten Empfehlungen, bevor Sie diese befolgen. Eine Garantie für das Erreichen der Ziele wird weder vom Autor, noch vom Verlag übernommen. Des Weiteren enthält dieses Buch Links zu anderen Webseiten, auf deren Inhalt wir keinen Einfluss haben und damit keine Gewähr übernehmen können. Zum Zeitpunkt der Erstellung dieses Buches konnten keine Rechtsverstöße verlinkter Webseiten entdeckt werden.

Vorwort:
Warum Sie Ihr Ikigai unbedingt finden und danach leben sollten!

Ikigai ist kurzum gesagt eine japanische Lebenskunst, durch die Sie lernen, alltägliche Belastungen zu meistern und nicht nur einen Sinn im Leben zu finden, sondern auch alles, was Sie tun, mit Freude und Überzeugung zu machen.
Mit der Lebensweise des Ikigai finden Sie Ihren spezifischen Weg, das Richtige für Sie selbst zu tun. Sie erlangen das Selbstvertrauen und die Sicherheit, Ihre eigenen Entscheidungen zu treffen, ohne sich von anderen beeinflussen und verunsichern zu lassen. Sie lernen, nicht mehr das zu tun, was von Ihnen erwartet wird. Sie finden heraus, wer Sie wirklich sind und was Sie brauchen, um ein zufriedenes und glückliches Leben führen zu können.
Ikigai zeigt Ihnen, dass Rückschläge in Ihrer Lebensreise Möglichkeiten bedeuten, das Leben neu zu überdenken und zu verändern. Es ist die Kunst, die innere Trägheit und Orientierungslosigkeit nicht als Last zu empfinden, sondern als Chance, über die Alltagsplanung nachzudenken und umzugestalten.
Wenn Sie sich den Herausforderungen stellen, sie bewältigen und über sich hinauswachsen, schaffen Sie innere Harmonie und Klarheit darüber, was Sie wirklich wollen und brauchen im Leben.

Ikigai wird Ihnen nicht sagen, welchen Weg Sie gehen müssen, um im Leben ausgeglichen zu sein, sondern diese Lebensweise ermöglicht Ihnen, selbst herauszufinden, wer Sie wirklich sind und was Sie glücklich machen kann. Es hilft Ihnen, Ihren ganz eigenen Sinn der Lebenszeit zu finden, unabhängig von dem, was uns täglich aufgezwungen und eingeredet wird.
Ikigai lässt sich in allen Bereichen des Lebens anwenden. Sei es in der Beziehung zum Partner, in der Familie, mit Freunden und auch im Beruf.
Sie werden durch das Ikigai lernen, wo Ihre ganz persönlichen Stärken und Schwächen liegen und wie Sie Ihren eigenen Sinn des Lebens auch im Beruf finden können, der Sie erfüllt und von dem Sie sich nicht erholen müssen.

„Wer keinen Sinn im Leben sieht, ist nicht nur unglücklich, sondern kaum lebensfähig."

Albert Einstein

Mit Ikigai werden Sie verstehen, dass Zufriedenheit und Glück nicht aus dem Nehmen kommen. Sie werden automatisch das Bedürfnis verspüren, den Menschen um Sie herum etwas zu geben. Ikigai konzentriert sich nicht nur darauf, Ihren ganz eigenen Sinn des Lebens zu erforschen, sondern auch auf die Beziehungen mit Ihrer Umgebung,

Ihrer Rolle in der Gesellschaft. Ikigai beeinflusst, wer wir sind in Bezug auf unser Handeln mit unseren Mitmenschen. Sie werden lernen, dass vergangene und zukünftige Ereignisse nicht in unserer Hand liegen und wir diese nicht beeinflussen können. Was zählt, ist das Hier und Jetzt und sich mit Vergangenem oder Zukünftigem aufzuhalten, ist schlichtweg sinnlos und Zeit- und Energieverschwendung. Das, was wir heute schaffen, wird unsere Vergangenheit in der Ferne beeinflussen und den Weg für unsere Zukunft bereitlegen.

Sie werden aufhören, Dinge zu tun, die Sie für sinnlos halten oder die Sie nicht machen möchten. Das bedeutet nicht, dass Sie nur noch das machen werden, was Sie möchten, ohne Rücksicht auf andere oder dass Sie unvernünftig handeln. Sie werden begreifen, dass es möglich ist, ein zufriedenes Leben zu führen, ohne zu tun was andere von einem erwarten und dabei sicher und erfolgreich sein können.

Sie werden wissen, warum Sie am Morgen aufstehen und sich darauf freuen, in einen neuen Tag zu starten. Sie werden bereit sein für die Herausforderungen, die das Leben bietet, um zu lernen.

Ikigai ist keine Anleitung zum Leben, es ist eine Lebensphilosophie, eine ganzheitliche Einstellung zum Leben, durch die Sie herausfinden werden, warum Sie etwas machen und das, was Sie tun, mit Energie, Liebe und Inspiration anpacken.

Genau das ist Ikigai: Ein Leben zu schaffen, auf das wir uns jeden Tag aufs Neue freuen können, mit Tatendrang neu zu starten, auf die Probleme des Lebens vorbereitet zu sein. Stark genug zu sein, diese nicht als Hürde, sondern als Chance sehen zu können, uns zu verändern, zu lernen und uns weiter zu entwickeln.

Sie werden nicht mehr nur passiv darauf warten, dass das Leben sich auf wundersame Weise ändert, denn das wird es nicht, sondern Sie werden Ihr Glück in die eigenen Hände nehmen.

Ikigai hilft, sich von Dingen und Menschen zu trennen, die nicht gut für uns sind, Abstand von dem zu gewinnen, was uns hindert. Durch Ikigai lernen Sie, selbst in langweiligen Hausarbeiten Freude zu finden, notwendige Pflichten nicht als Last anzusehen. Sie werden Ihre Einstellung ändern und alles von einer ganz anderen Seite betrachten.

Ikigai wird nicht nur Sie positiv beeinflussen, sondern auch die Interaktion mit den Menschen um Sie herum. Sie werden automatisch unterstützend für andere da sein wollen, Gutes für andere tun, ohne etwas dafür zu erwarten. Somit wirkt sich die Lebensweise des Ikigai nicht nur für Sie positiv aus, sondern auch für Ihre Mitmenschen, die indirekt von Ihrem persönlichen Glück profitieren werden.

Die Lebensgestaltung des Ikigai hilft dabei, sich aus dem Trott des unzufriedenen, freudlosen und leeren Lebens herauszuholen und Freude zu empfinden, die bisherige Lebensweise infrage zu stellen und ändern zu wollen, um sich wieder lebendig zu fühlen. Sie werden lernen, dass Sie

materielle Dinge nicht mehr benötigen werden, um eine innere Leere zu füllen. Sie werden sich gesünder ernähren und verstärkt auf Ihre Gesundheit achten.
Sie werden durch Ikigai kein neuer Mensch werden - es wird aufdecken, wer Sie tief innen schon immer waren und wer Sie sein möchten. Es hilft Ihnen, Probleme anzupacken und zu lösen, Dinge zu akzeptieren, die wir nicht anders machen können und die, die wir ändern können, in neue Chancen umzuwandeln.

Kapitel 1:
Die 5 Säulen des Ikigai und wie sie Ihr Leben verbessern

Was ist Ikigai und was bedeutet es?

Für die Japaner ist Ikigai die Antwort auf ein sinnvolles und zielgerichtetes Leben. Aber was ist Ikigai?

Ikigai ist ein Konzept, das seit Jahrhunderten im kulturellen Leben Japans stark verankert ist und frei übersetzt etwa *„Grund zum Leben"* bedeutet. Die Japaner praktizieren diese Lebensweise instinktiv ohne viel Aufwand und Ego. Die Tiefe dieses Konzepts ist jedoch viel mehr, als die einfache Übersetzung vermuten lässt. Es ist ein Lebensstil.

Ikigai wird in vier Silben ausgesprochen: i-ki-ga-i.

Wörtlich bedeutet *„iki" „Leben"* oder *„lebendig"* und *„kai"* (ausgesprochen *„gai")* kann als *„Vernunft, Würdigkeit, fruchtbar, wirksam"* übersetzt werden. In Bezug auf *„kai"* ist es wichtig zu beachten, dass das Wort eine starke Assoziation mit einer Aufforderung zur Handlung hat. Es ist für das Leben essenziell und erfordert einen gewissen Aufwand, um es zu verfolgen.

Die wörtliche Übersetzung trifft nicht ganz die Einsicht, die Sie benötigen, um die Schwere des Begriffs und seine Bedeutung zu begreifen. Daher gibt es einige Interpretationen, von denen alle zutreffend sind:

- Lebensgrund
- Der Sinn des Lebens
- Der Grund zu sein
- Der Grund, morgens aufzustehen
- Was macht das Leben lebenswert?
- Das, wofür Sie leben
- Das Glück des Seins
- Eine Daseinsberechtigung

Die Vorteile des Ikigai

Die Integration des Lebensstils Ikigai in das eigene Leben bringt viele wertvolle Vorteile mit sich. Dazu gehört, sich wieder motiviert zu fühlen, Glück und Zufriedenheit zu empfinden und Ihr wahres Ich zu leben.

Fragen Sie sich, wann Sie zuletzt morgens mit einem großartigen Gefühl aufgewacht sind - und das an einem Montagmorgen. Wäre es nicht wundervoll zu wissen, dass der vor Ihnen liegende Tag wie für Sie geschaffen ist, voller Möglichkeiten steckt und Sie sich darauf freuen können?

Sie werden sich fragen, wie das möglich sein kann. Doch genau das ist es, was Ikigai für Sie tun wird. Durch diese Lebensweise sind Sie motiviert, das Leben zu genießen, so wie Sie es möchten. Sie werden Ihre Leidenschaften wiederentdecken und nach ihnen handeln. Sie werden am Abend beim Reflektieren des Tages sagen können: *„Heute war ein großartiger Tag. Ich habe wirklich gelebt. “*

Egal, ob Sie Ikigai haben oder nicht, das Leben ist nicht immer ein Regenbogen und Sonnenschein. Auch mit der Lebensart des Ikigai werden Sie Herausforderungen überstehen müssen und mit Schwierigkeiten konfrontiert werden.
Doch Sie werden lernen, Verluste und Misserfolge als Chance zu sehen. Umstände, die wir nicht kontrollieren können, zu akzeptieren und das Beste daraus zu schaffen. Jeder muss Dinge tun, die er nicht machen möchte. Doch durch Ikigai lernen Sie, damit umzugehen und diese Umstände nicht Ihre Lebenslust und Freude am Sein trüben zu lassen.
Es wäre gelogen zu sagen, dass Ihr Leben mit Ikigai keine Schwierigkeiten mehr bereithält. Diese werden dadurch nicht beseitigt. Jedoch werden Sie sie von einer ganz anderen Seite sehen können. Ikigai steht Ihnen beiseite, wenn Sie es am meisten benötigen. Wenn Trauer und Schmerzen alle Freuden im Leben überschatten zu scheinen, bietet es Ihnen ein richtungsweisendes Licht und einen guten Grund, um aufzuwachen und weiter zu machen.
Die Menschen in Japan glauben fest daran, dass der Nutzen von Ikigai nicht nur Glück ist, sondern auch die Lebensdauer verlängert. Die Einwohner von Okinawa in Japan scheinen der lebende Beweis dafür zu sein, dass Ikigai zu einem langen Leben beiträgt, denn dort gibt es die meisten Personen in einem Alter von über 100 Jahren weltweit.

Die Ernährung und die Gesellschaft von Menschen, so heißt es, seien wichtige Faktoren für ein langes Leben. Damit ist nicht nur die physische Gesundheit gemeint, sondern auch die mentale. Menschen, die in ihrem Leben glücklich und zufrieden sind, haben einen stärkeren Willen zu leben, einen Grund, wieder und wieder aufzuwachen. Damit lässt sich das hohe Durchschnittsalter der Japaner durchaus erklären.

Ikigai und Spiritualität

Es kommt die Frage auf, ob es sich bei Ikigai um eine Religion handeln könnte oder ob es zumindest spirituell ist. Da in Japan vorwiegend Shinto und Buddhismus praktiziert werden, kann man zurecht sagen, dass die Prinzipien dieser beiden Glaubenslehren im Ikigai beinhaltet sind. Es kommt somit darauf an, was Sie als spirituell bezeichnen.

Wenn Spiritualität für Sie bedeutet, ein Anhänger einer bestimmten Konfession zu sein, dann würde die Antwort näher beim „Nein" liegt als beim „Ja". Es gibt keine Aufzeichnungen in heiligen Schriften, die Ikigai mit einem Gott oder einer Religion in Verbindung bringen.

Man kann jedoch argumentieren, dass, wenn Sie den Lehren folgen und mit einer Religion ihr Dasein führen, die Anbetung im Mittelpunkt Ihres Handelns steht. Dies wiederum würde Ihr Leben mit Sinn und Freude füllen und Ihnen durch gute Zeiten und Momente der Verzweiflung helfen. Das heißt, die Hingabe an einen Gott oder ein bestimmter Glaube kann Ihr Ikigai sein.

Der Glaube oder das Streben nach einem konkreten Dogma stellt keine Voraussetzung für Ikigai dar. Es liegt somit an Ihnen selbst, ob es für Sie spirituell ist oder lediglich eine konkrete Lebensweise. Ihr religiöser Glaube oder Ihre Spiritualität kann zudem im Einklang mit dem Lebensstil des Ikigai stehen. In diesem Fall kann die Frage also mit „Ja" beantwortet werden.

Hat jeder Ikigai?

Laut den Japanern existiert Ikigai in uns allen. Die Werte und Überzeugungen jedes Einzelnen sind jedoch einzigartig und für jeden unterschiedlich. Was der einen Persönlichkeit Freude und Sinn im Leben bringt, mag für eine andere Person nicht wichtig sein. Ikigai ist eine persönliche Reflexion, die durch Bedeutung, Zufriedenheit, Selbstwertgefühl, Moral und Glück gefunden wird. Man kann also sagen, dass es eine Philosophie ist, Ihre ganz eigene Denkweise.

Ganz wie im Leben gibt es keine richtigen oder falschen Antworten oder Regeln für Ikigai. Es bestehen unendlich viele Wege, auf denen Sie reisen können, und der einzige Anführer dieser Reise sind Sie selbst.

Ihre persönlichen, individuellen Ziele und Pläne sind dazu da, Sie in Bewegung zu halten. Bei Ikigai geht es nicht um Ergebnisse. Wie heißt es so schön? Der Weg ist das Ziel. Das Leben ist eine kurvenreiche Reise mit Hindernissen und Stolpersteinen, die sich im Laufe der Zeit ändert, verwandelt und wächst. Eine Exkursion, die niemals endet.

Ikigai ist das, was Sie daraus machen. Es kennt keine Einschränkungen und Grenzen und vor allem hat es keine Regeln. Es kann Ihnen geben, was Sie möchten, wenn Sie Ihr eigenes Ikigai entdecken und danach leben.

Die 5 Säulen des Ikigai

Ikigai kann zu Erfolg führen, wenn dies Ihr Ziel ist. Das ist jedoch keine Voraussetzung. Was Sie aus Ikigai machen, ist jedem offengestellt.
Zu diesem Zweck stellt der Autor und Neurowissenschaftler Ken Mogi die fünf Säulen von Ikigai vor, die das Konzept umfassen und helfen sollen, das Beste aus jedem Moment herauszuholen.

Säule 1: Klein anfangen
Säule 2: Loslassen lernen
Säule 3: Harmonie und Nachhaltigkeit leben
Säule 4: Die Freude an kleinen Dingen entdecken
Säule 5: Im Hier und Jetzt leben

Dabei ist wichtig, zu verstehen, dass sich die Säulen wechselseitig verstärken und es dem Ikigai ermöglichen, zu gedeihen. Sie schließen sich weder gegenseitig aus, noch haben sie eine bestimmte Ordnung oder Hierarchie.
Ken Mogi sagt, dass es keine absolute Formel für Glück gibt, denn es bedeutet für jeden etwas anderes. Er nennt diese „Regeln" eine kostengünstige und wartungsfreie Möglichkeit zum Glück, um sich selbst zu akzeptieren.

„Sich selbst zu akzeptieren ist eines der einfachsten und lohnendsten Dinge, die Sie für sich selbst tun können."

Er erkennt jedoch auch an, dass kein Mensch wie ein anderer ist, und zieht eine Parallele:

„Ein Mann ist wie ein Wald, individuell, aber verbunden und vom Wachstum anderer abhängig."

Neben dem Lernen und der Unterstützung durch und mit anderen besteht eine der erfolgreichsten Möglichkeiten zum Wachstum darin, aus dem Scheitern zu lernen.

„Manchmal stolpert und fällt man im Leben. Selbst zu diesen Zeiten kann man Ikigai haben, auch wenn man eine Pechsträhne hat."

Der Zweck von Ikigai ist der, achtsam und präsent zu sein, die kleinen Dinge zu genießen und im Moment zu leben. Unseren Lebensfluss zu finden, wenn wir uns zu sehr in Details verlieren.
Wenn es nicht so läuft, wie wir es gerne hätten, sagt Ken Mogi:

„Solange Sie Ikigai haben, können Sie sich durch schwierige Phasen des Lebens bewegen. Sie können jederzeit in Ihren sicheren Hafen zurückkehren, von wo aus Sie die Abenteuer des Lebens von vorne beginnen können."

Klein anfangen

Die erste Säule in Ken Mogis Konzept „klein anfangen“ ist eine mächtige und befreiende Idee des Ikigai. Die Suche nach dem Zweck kann überwältigend sein, eine Herkulesaufgabe, die grenzenlose Energie und Kraft kostet. Durch das Konzept, klein anzufangen, lernen Sie, wie Sie immer nur ein wenig ausprobieren. Man muss nicht auf die endgültige, perfekt funktionierende Version warten, sondern kann verschiedene kleine Bereiche ausprobieren und sehen, welche funktionieren und welche nicht, um sie nachfolgend anzupassen und zu verbessern.

Indem Sie klein anfangen, handeln Sie auf eine überschaubare und nachhaltige Art und Weise. Wenn es Ihr Ziel ist, an einem Marathon teilzunehmen, beginnen Sie nicht am ersten Tag damit, 42 Kilometer zu laufen. Womöglich stellen Sie erst einmal Ihre Ernährung um und starten mit fünf Kilometer.

Wenn Sie klein anfangen und einen Schritt nach dem anderen gehen, können Sie die Erfahrung, die Sie dabei machen, einfacher reproduzieren und dann darauf aufbauen. Währenddessen lernen Sie, was für Sie und Ihren Lebensstil funktioniert und was nicht.

Klein anzufangen, nimmt der Sache zudem die Angst vor der Umsetzung. Wenn Sie von Beginn an nur daran denken, wie Sie es schaffen sollen, 42 Kilometer zu laufen, so wird Sie dieses Ziel überwältigen und demotivieren. Setzen Sie sich kleinere Ziele und bauen Sie auf diesen auf. In diesem

Beispiel kann dies bedeuten, erst einmal für einen Halbmarathon zu trainieren.
Klein anzufangen, bietet Ihnen zudem auch die Möglichkeit, spielerischer, freier in der Ausführung zu sein und schneller zu agieren und weiterzumachen. Setzen Sie Ihre eigenen Erwartungen nicht zu hoch, dann können Sie mehr Erfolge genießen und bleiben somit immer motiviert. Ein Rückschlag ist zudem einfacher hinzunehmen, da Sie bereits viele kleine Ergebnisse erzielt haben.
Denken Sie immer daran, dass der Weg das Ziel ist. Reisen Sie in Ihrem eigenen Tempo. Ikigai ist kein Wettrennen, bei dem es einen Sieger geben wird. Jeder, der diesen Weg geht, gewinnt. Nur der Preis und das Ziel sind für jeden unterschiedlich.

Loslassen lernen

Unsere Gesellschaft ist darauf ausgerichtet, Erfolg zu haben, materielle Dinge anzuhäufen und etwas darzustellen. Dies setzt uns enorm unter Druck, was Furcht vor dem Scheitern hervorrufen kann, nicht gut genug zu sein und das zu verlieren, was wir haben. Diese Angst ist lähmend und raubt die Motivation.
Es gibt zwei Möglichkeiten, diesem Druck zu entgehen. Durch *Loslösung* und *Loslassen.* Beides kann helfen, mit unnötigem Stress und Erwartungen im Leben umzugehen, jedoch unterscheiden sich die beiden Arten bei der Stressbewältigung.

Loslösung ist der Akt des vollständigen Loslassens von etwas oder jemandem. Sie distanzieren sich von Menschen, schlechten Gewohnheiten und Unannehmlichkeiten, indem Sie sie aus Ihrem Leben komplett entfernen.
Dies ist eine doch recht radikale Art und Weise, Stress und Unannehmlichkeiten aus Ihrem Leben zu verbannen. Sie kann Ihnen helfen, sich auf das zu konzentrieren, was für Sie wichtig ist, ohne von jemandem oder etwas eingeschränkt zu werden. Das zugrunde liegende Konzept dabei ist, dass Sie aktiv nach positiven Erfahrungen suchen, indem Sie negative vollständig ausschließen.
Loslassen mag dem Konzept der Loslösung ähnlich erscheinen, jedoch ist sein Zweck ein anderer. Es geht hier nicht darum, sich vollständig von Unannehmlichkeiten zu trennen, sondern die eigene Einstellung darüber zu ändern und Vorurteile zu beseitigen.
Sich zu befreien bedeutet, sich kennenzulernen und zu verstehen und dabei selbstbewusst für die eigene Überzeugung einzustehen. Loslassen hilft Ihnen, Ihre Umgebung und vor allem sich selbst zu akzeptieren. Es kann eine Herausforderung sein, zu erkennen, was Sie loslassen sollten, um sich zu befreien, um das zu tun, was Sie wirklich möchten.
Einer der wichtigsten Aspekte des Ikigai ist die Loslösung von Regeln. Dabei sind nicht Gesetze gemeint, sondern beispielsweise gesellschaftliche, ungeschriebene Konventionen. Wenn Sie sich von diesen Regeln lösen, haben Sie die Möglichkeit zu verstehen, wer Sie wirklich

sind. Sie gewinnen an Selbstvertrauen, lernen sich selbst zu akzeptieren, und entdecken ganz neue Grenzen - und Herausforderungen. Sie entwickeln den Mut, diese Grenzlinien zu überschreiten und schlagen bisher verschlossene Wege ein, die Sie zu einem sinnvolleren Leben führen können.

Befreien Sie sich von Materialismus

Setzen Sie sich in Ruhe in Ihr Zuhause und blicken Sie sich um. Was können Sie sehen? Machen Sie eine Art Bestandsaufnahme von allen Objekten im Raum. Addieren Sie in Ihrem Kopf in etwa die Zeit und das Geld, das Sie für diese Utensilien ausgegeben haben.

Nun schließen Sie Ihre Augen und stellen Sie sich den Raum mit all seinen Objekten ohne Sie vor. Was hat sich dabei geändert? Nichts, richtig? Und haben Sie sich verändert? Auch nicht. Sie spüren eventuell ein wenig Unbehagen, weil Sie Ihr Mobiltelefon nicht bei sich haben, jedoch haben Sie sich als Person mit all Ihren Werten und Überzeugungen nicht geändert.

Was lernen Sie daraus? Wir haben uns an so viele materielle Dinge gewöhnt. Einige Objekte dienen mehr als Statussymbol, als dass sie wirklich von Nutzen sind. Es mag Spaß machen, die neuesten technischen Geräte zu besitzen, jedoch benötigen wir diese nicht. Sie sind lediglich Werkzeuge, um Ihnen bei der einen oder anderen Sache zu helfen.

Das heißt nicht, dass Sie nichts mehr besitzen und genießen können oder sollten. Der Punkt ist, Ihnen zu zeigen, dass Sie nicht an materielle Dinge gebunden sind. Sie können sehr gut auch ohne sie auskommen. Zudem lenken uns gerade technische Geräte wie Fernseher, Mobiltelefon etc. ab und rauben uns Zeit, die wir viel wertvoller nutzen könnten.

Befreien Sie sich von der Vergangenheit

Sich mit vergangenen Fehlern aufzuhalten, kann für Ihr Ikigai tödlich sein. Angst wird Sie daran hindern, den nächsten Schritt zu machen, und Sie verlieren das Vertrauen in sich selbst. Sie verschwenden dadurch Ihre Zeit mit Schuldgefühlen und Bedauern, anstatt sich ihrem Lebenszweck zu widmen. Sie sollten und werden aus vergangenen Fehlern lernen, jedoch können Sie diese nicht mehr rückgängig machen.

Die Lebensweise des Ikigai empfiehlt auch, sich nicht an Erfolgen und großartigen Zeiten aufzuhalten. So schwer es zu glauben sein mag, selbst die guten Erinnerungen halten Sie vom Hier und Jetzt ab.

Selbstverständlich ist es wichtig, auf Ereignisse zurückzublicken, die Sie dahin gebracht haben, wo Sie jetzt sind. Sie können analysieren, was funktioniert hat und was nicht und daraus lernen. Aber denken Sie daran, dass Sie irgendwann weitermachen müssen. Sie sind nicht mehr dieselbe Person wie vor einem Moment. Erlauben sie, es sein zu lassen, und fahren Sie mit der nächsten Aufgabe fort.

Es besteht kein Grund, warum Sie keine neuen Momente schaffen können. Wenn Sie schon in der Vergangenheit wunderbare Dinge tun konnten, gibt es keinen Anlass, warum Sie keine neue Reise beginnen können. Nichts hindert Sie daran, neu zu starten.

Befreien Sie sich von morgen

Das gleiche gilt auch für das gedankliche Verweilen in der Zukunft. Wenn Sie sich zu sehr um Anlässe in der Ferne sorgen, oder alles, was Sie tun, für die Zukunft ist, versäumen Sie das Sein im Jetzt. Sie erlauben damit Ereignissen, die noch gar nicht geschehen sind und vielleicht auch niemals passieren werden, Ihr jetziges Leben zu beeinflussen, es zu lähmen und Sie daran zu hindern, voranzukommen. Es ist unmöglich, vorherzusagen, was sein wird.

Das heißt nicht, dass Sie keine Pläne machen oder Ziele setzen sollten. In der Tat ist es notwendig, eine Richtung zu haben. Ein Plan liefert Ihnen eine Roadmap, wo Sie in Zukunft sein möchten. Hören Sie hier jedoch nicht auf, denn eine Vorstellung zu haben ist nicht gut genug. Sie müssen darauf reagieren und sich anpassen, wenn Sie vorwärtsgehen. Im Leben kommt immer alles anders, als man es plant.

Es ist essenziell, eine Balance zu finden zwischen dem, was für die Zukunft getan werden muss und dennoch frei von

Gedanken über das Bevorstehende zu sein, um in der Gegenwart zu leben und handeln zu können.

Befreien Sie sich von anderen

Wir wollen alle geliebt und akzeptiert werden. Es liegt in der Natur des Menschen, Freundschaft, Liebe und Harmonie mit anderen zu suchen. Ob wir introvertiert oder extrovertiert sind, wir leben in einer Symbiose, die alle Lebensbereiche miteinander verbindet. Jeder hat unterschiedliche Überzeugungen, Werte, Einstellungen und Prioritäten. Genau diese Vielfalt macht menschliche Verbindungen aus.

Und obwohl unsere Vielfalt uns vereinen sollte, gibt es viel zu oft ein gewisses Maß an Eifersucht oder Anmaßung. Wir tendieren dazu, uns mit dem zu vergleichen, was andere tun, erreicht haben oder besitzen. Wir suchen unbewusst nach einer Validierung von dem, wer wir sind, was wir können und nach Außen darstellen. Bleibt diese Bestätigung aus, nagen uns häufig Selbstzweifel, die uns daran hindern, voranzukommen.

Sie müssen sich als Individuum anerkennen und akzeptieren. Das Ziel darf nicht sein, so zu sein wie andere, um deren Akzeptanz zu erlangen, sondern die Person zu sein, die Sie sein möchten. Menschen werden sich immer Meinungen bilden, egal, was Sie tun.

Befreien Sie sich von Personen um Sie herum, die Sie als Individuum nicht anerkennen und respektieren. Haben Sie den Mut zum Anderssein und stehen Sie dazu. Erst dann werden Sie beginnen zu begreifen, wer Sie wirklich sind und sein können. Sich von der Betrachtungsweise anderer loszulösen und diese Validierung nicht mehr zu benötigen, ist ein wesentlicher Bestandteil in der Verfolgung Ihres Lebensziels. Sie werden sehen, wie befreiend es ist, nicht auf externe Meinungen angewiesen zu sein.

Befreien Sie sich von negativen Gedanken

Wir haben geschätzt etwa 50.000 Gedanken pro Tag. Unser Denken ist üblicherweise unkontrolliert und geschieht ganz automatisch. Mit diesen Gedanken beeinflussen wir uns selbst, indem das Gedachte zum Glauben wird und wir diese Überzeugungen dann in die Tat umsetzen. Dies kann sich sehr positiv auf unser Tun auswirken, jedoch auch negativ.

„Was Du denkst, bist Du." – Buddha

Wenn Sie beständig daran glauben, dass Sie etwas bewerkstelligen können, werden Sie Ihr Ziel erreichen. Im Gegensatz dazu, wenn Sie fest der Meinung sind, dass Sie etwas nicht bewältigen können, werden Sie es auch nicht schaffen.

Die Ironie dabei ist, dass wir durch unser Bewusstsein oft die eigenen Fähigkeiten beeinträchtigen, ohne sachliche Beweise für einen möglichen Grund des Scheiterns. Wir neigen dazu, uns auf tief verankerte Vorurteile und

Vorstellungen zu stützen. Diese werden bereits in der Kindheit geformt und wir stellen sie nur selten infrage.
Versuchen Sie, Ihre Gedanken zu kontrollieren. Kommen negative Betrachtungsweisen auf, dass etwas nicht vorstellbar ist, sagen Sie sich stattdessen das Gegenteil. Sie müssen dabei nicht lügen, formulieren Sie Ihre Gedanken jedoch immer so positiv wie möglich. Zum Beispiel: *„Ja, ich weiß, es wird schwierig werden. Doch ich kann es schaffen.“*
Geben Sie ihrem Unterbewusstsein nicht die Möglichkeit, eine Situation von Anfang an schlecht zu reden und Sie davon abzuhalten, es zu versuchen. Es ist ganz normal, Bedenken und Zweifel zu haben. Diese warnen uns oft vor möglichen Problemen, die aufkommen könnten. Sie werden jedoch auf Hürden vorbereitet sein und Ihr Glaube an Sie selbst und die Sache wird Sie dabei unterstützen, diese zu meistern.

Befreien Sie sich von Arbeit

Das Loslassen von der Arbeit bedeutet nicht, dass Sie Ihren Job kündigen oder nicht mehr Ihre Pflichten erledigen sollten. Es heißt auch nicht, dass Sie nach Dienstschluss nicht daran denken dürfen. Loslassen von der Arbeit bedeutet das Gegenteil.

Es geht darum, Ihre Einstellung zu Ihrer Tätigkeit zu ändern, die Aufgabe nicht mehr als problematisch anzusehen, sondern sich auf den Wert zu konzentrieren, den

Sie schaffen. Werden Sie pro-aktiver und fordern Sie sich selbst heraus. Lassen Sie vor allem den Spaß nicht zu kurz kommen. Beschäftigen Sie sich mit dem, was Sie tun. So intensiv, dass Sie voll und ganz darin aufgehen und dabei die Zeit verlieren. Achten Sie auf Details und hören Sie auf, immerzu an etwas anderes zu denken. Hüten Sie sich vor allem vor Ihren negativen Gedanken und unangenehmen Gefühlen. Tauchen Sie vollständig in das ein, was vor Ihnen liegt. Dies wird Sie äußerst produktiv machen.

Sie finden damit nicht nur mehr Spaß an der Arbeit, sondern lernen auch Ihr Wissen, Ihre Methoden und Fähigkeiten in Bezug darauf zu bestärken, sich in eine Aufgabe zu vertiefen, die Sie nicht machen möchten. Sie beginnen, eine andere Meinung zu formulieren und diese Überzeugungen zu festigen. Genau das ist es, wenn es um Ikigai und ein Leben mit Sinn geht. Manche Dinge können wir nicht ändern, aber wir können unsere innere Einstellung dazu umformulieren.

Die Schwierigkeit liegt darin, Aufgaben zu erledigen, die Sie nicht interessieren oder denen Sie abgeneigt sind. Langweilige oder unangenehme Betätigungen verschieben wir üblicherweise bis auf die letzte Minute. Sobald jedoch der Aufschub einsetzt, besteht die Gefahr, dass Sie diese Tätigkeit niemals abschließen werden. Das gilt nicht nur im Beruf, sondern für alle Pflichten im Leben. Formulieren Sie Ihre Gedanken positiv und schließen Sie diese Aufgaben sofort ab, um sich auf das Vorankommen in anderen Bereichen konzentrieren zu können.

Alles in allem ist das Loslassen eine Form von Meditation, die Sie in die richtige Stimmung bringt, sich von Materialismus, vergangenen und zukünftigen Ereignissen, was andere über Sie denken und negativen Gedanken zu trennen. Loszulassen und aus der Norm auszubrechen wird Ihnen neue Ideen und Wege bereiten.

Harmonie und Nachhaltigkeit leben

Ihren Lebenszweck vollständig zu akzeptieren bedeutet, dass Sie in Frieden mit dem sind, wer Sie sind und gemäß Ihren Prinzipien und Überzeugungen leben, auch wenn das Leben Rückschläge und Herausforderungen bereithält.
Bewusst in der Gegenwart zu leben und die kleinen Dinge im Leben genießen zu können, ermöglicht Ihnen, sich auf die positiven Aspekte konzentrieren zu können. Sie erhalten die Klarheit, die Sie benötigen, um sich von allem Negativen zu befreien. Ein Dasein in Harmonie verbessert Ihren Lebenszweck, Ihr Ikigai.

Die harmonische Denkweise des Ikigai

Beginnen Sie damit an Ihr Ikigai zu glauben und daran, wer Sie sind. Sie können Glück nur dann erreichen und aufrechterhalten, wenn Sie ein sinnvolles Leben führen, sich selbst und die Dinge in Ihrem Leben und um Sie herum akzeptieren. Wenn Sie versuchen, eine Fassade für andere aufrecht zu erhalten, wird Ihre wahre Berufung und Ihr Glück eingeschränkt sein. Sie leben nicht Ihr eigenes

Leben, sondern das von anderen, was auf Dauer nicht gut gehen wird.
Schaffen Sie ein sicheres Gefühl des Seins, indem Sie den Mut haben, sich selbst vollständig zu akzeptieren. Diese Zufriedenheit erzeugt innere Harmonie und Sie können die daraus erhaltene Energie zum Erreichen höherer Zielebenen nutzen. Die Akzeptanz von dem, wer Sie wirklich sind, legt das Fundament für qualitatives Wachstum, durch das Sie neue Fähigkeiten und Techniken entwickeln und reifen werden.
Sie werden automatisch achtsamer, was Sie mit Ihrem Ikigai in Einklang bringt. Ihre Sinne werden bewusster auf Ihre Umgebung reagieren und es ändern sich die Prioritäten im Leben, neue Chancen zeigen sich auf. Nicht nur Ihre psychische Harmonie wird sich verbessern, auch Ihre körperliche Motivation und die Beziehung zu Ihren Mitmenschen.

Soziale Harmonie

In nachhaltiger Harmonie mit sich selbst zu leben bedeutet, friedlich in einer symbiotischen Beziehung mit der Gemeinschaft um Sie herum zu sein. Sollte es Schwierigkeiten in einem der beiden Bereiche geben, wird es schwer, ein zielgerichtetes und bedeutungsvolles Leben zu führen, da die beiden untrennbar und voneinander abhängig sind.
In Japan ist Ausgewogenheit als *„wa“* bekannt, was übersetzt *„Harmonie“* bedeutet, wobei diese Bedeutung

eine größere Nachhaltigkeit beinhaltet. Es ist der Frieden in sich selbst und in den Beziehungen innerhalb der Gemeinschaft, in der jeder respektiert und die Harmonie nicht gestört wird. Es ist nicht möglich, nicht synchron mit anderen zu leben, unabhängig von den persönlichen Vorlieben, Leidenschaften oder Talenten._Daher ist „*wa*" zweifellos einer der Schlüsselfaktoren für ein zielgerichtetes Leben. Es ist die Basis von Interaktionen mit anderen und somit ein wesentliches Element für Ihr Ikigai. Nachhaltige Harmonie in der Gemeinschaft beginnt damit, sich mit Familie, Freunden und Nachbarn zu verbinden. Teilen Sie Ihre Beobachtungen und Leidenschaften mit ihnen und zeigen Sie sich großzügig und fürsorglich, mitfühlend und ehrlich. Verbringen Sie Zeit mit ihnen, um zuzuhören und zu lernen.

Zeigen Sie Proaktivität

Jede Art von Beziehung erfordert konstanten Kontakt und sollte dieser aus irgendeinem Grunde nicht gegeben sein, ergreifen Sie die Initiative. Besuchen Sie Ihre Mutter, erkundigen Sie sich im Vorbeigehen bei Ihrem Nachbarn, wie es ihm geht und ob er Hilfe benötigt. Wenn Sie schon länger nichts von einem guten Freund gehört haben, fragen Sie nach und verabreden Sie sich zu einem Treffen.

Sollte eine persönliche Interaktion nicht möglich sein, da Freunde oder Familienmitglieder weit weg wohnen oder aus bestimmten Gründen die Reise- und Kontaktmöglichkeiten eingeschränkt sind, bietet das Internet zahlreiche

Möglichkeiten der Kontaktaufnahme. Über Live-Chat, Online-Gruppen, Foren und soziale Medien haben Sie die Möglichkeit, sich in diesem Moment mit anderen auszutauschen, Ideen zu teilen und Interessen zu erkunden. Lassen Sie es Ihre Lieben wissen, dass Sie für sie da sind und an sie denken.

Geben und Nehmen

Ihre innere Harmonie wird nicht nur durch Sie selbst aufrechterhalten, sondern sie lebt auch von Beziehungen mit anderen. Damit sie jedoch darüber hinausgeht und eine dauerhafte Wirkung hat, müssen wir unserem Handeln Bedeutung geben, das länger anhält als wir selbst. Mit anderen Worten etwas Nachhaltiges für andere tun. Sei es durch Freiwilligenarbeit, als Mentor für andere da zu sein, einer Geldspende oder ganz einfach eine helfende Hand.

Das Gefühl, etwas zu geben, die Welt anderer positiv beeinflussen zu können, schafft innere Harmonie. Nicht selten ist das, was Sie zurückbekommen, auch wenn Sie nichts dafür erwarten sollten, unbezahlbar. Zu sehen, wie sich das Dasein eines Lebewesens, sei es ein Mensch oder ein Tier, durch Sie verbessert, ist unbeschreiblich. An ehrlich gemeinter, bedingungsloser Großzügigkeit erinnert man sich nachhaltig.

Bauen Sie Harmonie um sich herum auf

Wenn Sie in einem Zustand anhaltender Harmonie mit sich selbst und den Menschen um Sie herum leben, schaffen Sie ein allgemeines Gefühl von Zufriedenheit und Glück.

Im Laufe der Zeit werden Ihre positiven Gedanken automatisch zu Handlungen. Kreativität und der Austausch von Ideen und Überzeugungen werden von Ihren Mitmenschen gefördert und gerne angenommen.

Sie werden feststellen, dass Sie immer mehr geben möchten. Sie werden dafür unbezahlbar viel Zufriedenheit in Ihrem Leben erhalten.

Die Freude an kleinen Dingen entdecken

Durch den Stress des Alltags liegt unser Augenmerk üblicherweise nicht auf den kleinen Momenten des Lebens und wir übersehen diese viel zu leicht. Vieles halten wir für ganz selbstverständlich. Das ist sehr schade, denn genau diese kleinen Dinge machen unser Leben aus und wir sollten sie genießen.
Wir warten auf große Ereignisse, in denen wir das Glück zu finden erhoffen und übersehen dabei die vielen kleinen Momente, die unserem Leben den wahren Sinn und Zweck geben. Sie müssen nicht mehr einschneidende Erlebnisse abwarten oder auf diese hinarbeiten, wenn Sie sich auf die ganz alltäglichen, kleinen Freuden konzentrieren.

Schaffen Sie positive Emotionen

Unabhängig davon, ob Sie gerade erst begonnen haben, nach Ihrem Ikigai zu suchen, oder seit einiger Zeit wissen, was Ihr Lebenszweck ist, es ist unabdingbar, sich immer wieder daran zu erinnern, die schönen Dinge im Leben nicht

zu übersehen. Erkennen Sie die kleinen Freuden nicht, könnten Sie Gelegenheiten verpassen.
Indem Sie Ihre Gedanken auf positive Ereignisse leiten, beeinflussen Sie damit nicht nur Ihre mentale Gesundheit, sondern auch Ihre physische. Die Forscher Deborah D. Danner, David A. Snowdon und Wallace V. Friesen haben in ihrer Studie *„Positive emotions in early life and longevity: findings from the nun study"* Verbindungen zwischen positiven Emotionen und körperlicher und geistiger Gesundheit und sogar Langlebigkeit gefunden.

> *„… Erfahrungen mit positiven Emotionen erweitern das momentane Repertoire an Gedanken und Handlungen der Menschen, was wiederum dazu dient, ihre dauerhaften persönlichen Ressourcen aufzubauen, die von physischen und intellektuellen Ressourcen bis zu sozialen und psychischen Ressourcen reichen."*

Wer ein glückliches Dasein führt und das Schöne in den kleinen Dingen sieht, hat einen guten Grund, am Morgen aufzuwachen. Diese Zufriedenheit verlängert unser Leben, da wir eine Aufgabe in unserem Leben finden und immer weiter machen möchten.

Halten Sie Negativität in Schach

Das Leben ist voller angenehmer und auch schwerer Erfahrungen. Eine positivere Sichtweise beseitigt zwar nicht die unangenehmen Seiten, jedoch kann sie dazu beitragen, Sie im Gleichgewicht zu halten und Negativität zu verringern.

Durch positives Denken können Sie zudem Stress abbauen und herausfordernde Situationen von einer klareren Seite betrachten. Wichtig ist, die hartnäckige Kontrolle zu verringern, die Negativität über uns haben kann. Pessimismus oder der stetige Gedanke, dass Ereignisse oder Situationen schlecht sind, gestaltet es schwieriger, ein sinnvolles, glückliches Leben zu führen.

Je positiver Ihre Gedanken sind, desto wahrscheinlicher ist es, dass Sie in der Lage sind, die schwierigeren Herausforderungen des Lebens effektiver zu bewältigen. Erinnern Sie sich an das Sprichwort, das abgedroschen klingt, aber nie an Wahrheit verliert: *„Der Glaube versetzt Berge."* Nur mit einer positiven Einstellung können Sie die kleinen Dinge im Leben genießen und Ihre Ziele erreichen. Fühlen Sie sich überwältigt und sehen keinen Ausweg aus einer bestimmten Situation, halten Sie inne, nehmen Sie sich einen Moment Zeit und „riechen Sie an den Rosen". Konzentrieren Sie sich auf schöne Dinge, die immer und überall um Sie herum sind. Sie müssen Sie nur sehen. Durch das Innehalten und indem Sie sich gedanklich aus der Situation herausholen, sortieren Sie Ihre Emotionen neu und Sie können alles von einer anderen Seite betrachten.

Dankbarkeit und Wertschätzung

Wertschätzung und Dankbarkeit sind einer der intensivsten Empfindungen in unserem Leben. Egal, ob es etwas Großartiges oder nur eine kleine Geste ist, das Gefühl kann gleichermaßen stark sein. Dabei macht es keinen Unterschied, ob wir etwas erhalten oder geben, ob es sich um ein Objekt handelt oder um ein Lächeln.

Es geht nicht um die großen Ereignisse, wie das Erhalten eines teuren Geschenkes zu Weihnachten oder ein Großereignis wie die eigene Hochzeit. Seien Sie dankbar für den wunderschönen Sonnenuntergang, der sich Ihnen heute zeigt. Für das Lächeln, das Ihnen ein Fremder schenkt. Sie werden im Einklang mit Ihren positiven Gefühlen sein und die kleinen Dinge im Leben öfter genießen, wenn Sie Dankbarkeit empfinden.

Durch Mitgefühl mehr Freundlichkeit empfangen

Dankbare Menschen sind ihren Mitmenschen gegenüber hilfsbereiter und mitfühlender. Sie erkennen den Vorteil, etwas für jemanden zu tun, ohne eine Gegenleistung zu erwarten und schätzen den Akt der Freundlichkeit. Dies fördert jede Art von Beziehungen innerhalb der Gemeinschaften und führt dazu, dass andere uns positiv wertschätzen.

Schon ein kleines Lächeln und eine herzliche Begrüßung reichen aus, um Ihre Dankbarkeit zu zeigen und diese an andere weiterzugeben. Es muss nicht viel sein und kann

überall praktiziert werden. Zu Hause, in der Arbeit, in Ihrer Nachbarschaft, beim Einkaufen oder auch online.
Sich in irgendeiner Form erkenntlich zu zeigen muss nicht mit Ihrem Ikigai zusammenhängen. Wenn Sie jedoch das Ikigai Ihres Freundes kennen, können Sie Ihre Bemühungen dort aufbauen. Sicherlich wird dieser Ihnen nicht nur für Ihre Großzügigkeit danken, sondern Sie werden Ihren Tag auch ein wenig angenehmer gemacht haben. Sie werden sich durch Ihre positiven Bemühungen und Absichten zufrieden fühlen, was das eigene Ikigai fördert.

Machen Sie es sich zur Gewohnheit, die kleinen Momente im Leben zu schätzen

Konzentrieren Sie sich auf Ihr eigenes Ikigai: Welche einfachen Dinge tun Sie, um sich zu motivieren? Haben Sie sich angewöhnt, die kleinen Momente zu erkennen und anzuerkennen, die Ihnen im Laufe des Tages begegnen und Freude bringen?
Trainieren Sie Ihren Ikigai-Muskel der Dankbarkeit, indem Sie öfter innehalten, sich nicht ablenken lassen und Ihre Umgebung in sich aufnehmen. Fragen Sie sich bewusst, wofür Sie jetzt und hier dankbar sind und was Ihnen Freude macht. Suchen Sie nach schönen Dingen wie eine Blume oder einen Vogel; etwas, das Sie sofort anspricht. Verweilen Sie ein wenig in diesem Moment und halten Sie diesen positiven Gedanken fest, während Sie mit Ihrem Tag fortfahren.

Beginnen Sie mit der Anerkennung der kleinen schönen Ereignisse schon am Morgen. Beim Beobachten des Sonnenaufgangs, Trainieren, einem gesunden Frühstück oder einer ruhigen Zeit zum Genießen der zweiten Tasse Kaffee. Damit fördern und verstärken Sie Ihre positiven Gedanken und bringen den vor Ihnen liegenden Tag auf einen guten Weg.
Dahinter steckt ein wissenschaftlicher Grund. Auch kleine Freuden erhöhen den Dopamin-Spiegel, das Glückshormon, das zu einem glücklichen, euphorischen Gefühl führt, welches den ganzen Tag anhalten kann. Nutzen Sie es so lange wie möglich, indem Sie langsamer werden und den Augenblick genießen. Achten Sie auf die Details in allem um Sie herum und schätzen Sie den Moment.

Teilen Sie Ihre Erfahrungen mit anderen
Behalten Sie Ihre Erfahrungen nicht für sich, sondern teilen Sie sie mit Ihren Mitmenschen. Positive Schwingungen übertragen sich auf andere, indem Sie anderen die kleinen Dinge mitteilen, die sie genießen. Vielleicht finden Sie sogar Möglichkeiten, anderen zu helfen, solchen Liebreiz zu sehen.
Die Tatsache, dass wir alle unterschiedliche Zwecke verfolgen und Affinitäten für verschiedene Dinge haben, bedeutet nicht, dass wir die Schönheit darin nicht sehen können. Schätzen und zelebrieren Sie die Vielfalt.

Nehmen Sie sich jetzt etwas Zeit, um alles in sich aufzunehmen, auch wenn es nur für ein paar Minuten am Tag ist. Schaffen Sie aktiv Positivität in Ihrem Leben, um widerstandsfähiger für die Herausforderungen zu werden. Gönnen Sie sich die kleineren Momente, die das Leben lebenswerter machen. Tun Sie dies regelmäßig und Sie werden mit Sicherheit ein erhöhtes Gefühl der Dankbarkeit verspüren. Es wird mit Ihnen wachsen und ein Teil Ihres Ikigai werden.

Im Hier und Jetzt leben

Täglich konzentrieren wir uns auf Ereignisse, die in der Zukunft liegen. Sei es zu arbeiten, um in den Urlaub fahren zu können, das Leben in der Rente zu genießen oder uns auf das Wochenende zu freuen. Doch dabei vergehen die Tage, Wochen und Jahre, ohne bewusst gelebt zu haben.

Diese Sichtweise wird uns schon als Kind vermittelt, dass das Wichtigste in unserem Leben in der Zukunft geschehen wird. Wir haben verlernt, was es heißt, im Hier und Jetzt zu leben und damit eine essenzielle Voraussetzung zum glücklich sein verloren.

Alles, was wir tun, ist auf später ausgerichtet. Wir gehen zur Schule, um künftig studieren zu können. Dort muss man alles Mögliche erreichen, um später eine gute Anstellung zu bekommen. Im Job rackert man täglich, um aufzusteigen und eine Familie ernähren zu können. Danach arbeitet man auf die besagte Rente hin.

Doch wo bleibt das Leben? Wir laufen ständig Zielen hinterher, die später für Glück und Zufriedenheit sorgen sollen. Damit verschwenden wir die meisten unserer Lebensjahre damit, auf etwas in der Zukunft hinzuarbeiten, das vielleicht nie so passieren wird, und vergessen dabei ganz den Augenblick und das Leben jetzt zu genießen.

Der Weg ist das Ziel

Ziele sind sehr wichtig und auch an die Zukunft zu denken. Doch beides schließt sich nicht aus. Sie können Pläne für das Bevorstehende schmieden und dabei bewusst durch das Leben gehen und die augenblicklichen Momente genießen. Welchen Weg Sie einschlagen, um Ihre Ziele zu erreichen, ist dabei nicht wichtig. Meist läuft es ganz anders, als man es plant.

Doch bevor Sie sich ein Ziel stecken und einen Lebensplan erstellen, fragen Sie sich, ob es tatsächlich das ist, was Sie wollen. Entspricht es wirklich Ihrem Ikigai? Ist es nicht das, was man von Ihnen erwartet?

Leider hat sich unsere Gesellschaft hinsichtlich der Zielerreichung grundlegend verändert. Während früher die Erfahrung, die eine Person hat, geschätzt wurde, so zählt heute nur noch das Ergebnis. Das beste Beispiel beginnt bereits im Beruf. Sie bewerben sich auf eine Stelle, die ein Studium voraussetzt, obwohl Sie dieses nicht aufzeigen können. Sie haben in dem Bereich bereits einige Jahre Erfahrung und können Erfolge nachweisen. Leider ist es oft so, dass jemand mit weniger Fähigkeiten, aber mit einem

Diplom bevorzugt eingestellt wird. Der Weg zum Ziel scheint irrelevant geworden zu sein und auch, ob man das, was man tut, gerne macht.
Doch lassen Sie sich durch die allgemeine Sichtweise unserer westlichen Gesellschaft nicht den Spaß verderben und geben Sie nicht auf. Sie haben so viele andere Möglichkeiten, wie Sie Ihr Ziel erreichen und dabei ein glückliches Leben führen können. Vielleicht wären Sie in diesem Job nicht zufrieden gewesen und nur das erhöhte Ansehen und Gehalt ließ ihn attraktiv wirken.

Leben Sie im Hier und Jetzt
Genauso wie man seinen Lebensweg nicht nur in die Zukunft ausrichten sollte und sich vor den bevorstehenden Ereignissen fürchten sollte, so ist es auch wichtig, nicht der Vergangenheit nachzutrauern. Beides wird Sie nicht vorwärtsbringen, denn das Leben findet im Hier und Jetzt statt.

„Wenn du deprimiert bist, lebst du in der Vergangenheit. Wenn du besorgt bist, lebst du in der Zukunft. Wenn du in Frieden bist, lebst du in der Gegenwart." – Laotse

In der Lehre des Ikigai heißt es zudem, man solle sich nicht mit den positiven Ereignissen der Vergangenheit aufhalten. Selbst wenn Sie vergangene Ziele erreicht haben und glorreiche Tage erlebt haben, diese werden Sie im Moment nicht weiterbringen. Ruhen Sie sich nicht darauf aus. Selbstverständlich sollte man seine Lehren aus vergangenen Erfahrungen ziehen und diese nicht vergessen, doch was bereits hinter Ihnen liegt, können Sie nicht mehr anders machen. Was Sie ändern können, ist das Hier und Jetzt.

Nutzen Sie den Tag!

Der Alltagstrott kann langweilig und frustrierend sein, ganz besonders, wenn Sie das tun, was nicht Ihrem Ikigai entspricht. Durch positives Denken, Dankbarkeit und im Hier und Jetzt leben, können Sie Ihren Alltag durchaus zufriedenstellend gestalten. Schrauben Sie Ihre Erwartungen herunter und konzentrieren Sie sich auf die kleinen Dinge.

Erledigen Sie jetzt das, was Sie können, ohne sich der Zukunft zu versklaven, tun Sie das, was Sie machen, mit Freude. Setzen Sie sich Ziele für jeden Tag, welche, die nicht weit in der Ferne liegen, sondern die Sie am besten heute noch bewältigen können. Gehen Sie kleine Schritte und genießen Sie die winzigen Erfolge, die Sie täglich erreichen. Damit müssen Sie sich nicht mehr Tag für Tag für etwas abkämpfen, das Sie sich heute noch nicht einmal vorstellen können. Hören Sie auf zu *„werden“*, fangen Sie an zu *„sein“*.

Womit können Sie damit beginnen, Ihr schönstes und erfülltestes Leben zu leben? Was hält Sie bislang davon ab, glücklich zu sein? Was hält Sie vom Glück zurück?

Kapitel 2:
Die 10 nützlichsten Strategien für ein langes, aktives und glückliches Leben

Die Menschen in Japan und besonders in der Region Okinawa glauben, dass ein Lebenszweck für ein langes und glückliches Dasein Voraussetzung ist.
Okinawa ist eine „Blaue Zone“, einer der wenigen Orte auf der Erde mit einer überdurchschnittlichen Lebenserwartung und der ältesten lebenden weibliche Bevölkerung der Welt. Frauen erreichen ein Durchschnittsalter von 90 Jahren, Männer 84. Dort leben zudem die meisten über 100-Jährigen weltweit. Dabei sind selbst die ältesten gesund und haben die emotionale, physische und intellektuelle Fähigkeit, unabhängig zu sein und zu funktionieren.
Sie sind der lebende Beweis dafür, dass Ikigai nicht nur das Leben schöner macht, sondern es auch verlängert. Wie schaffen sie das?

1. Folgen Sie Ihrem Ikigai

In der Kultur von Okinawa wird Ikigai als *„Grund, morgens aufzustehen“* angesehen, ein Fundament, das Dasein zu genießen. Die Menschen in Okinawa, besonders die alten, haben das schon früh entdeckt und können leicht das „Warum“ hinter ihrem täglichen Leben beschreiben. Sie haben einen Grund, lange zu leben. Ikigai ist die Philosophie, die sie bis ans Ende ihrer Tage beschäftigt und glücklich macht.

Die meisten Menschen in unserer westlichen Welt folgen einem Weg, den die Gesellschaft für uns kreiert hat und leben nach den Maßstäben anderer. Wir sind durchgehend mit zu vielen Dingen beschäftigt und achten nicht auf unsere tiefsten Sehnsüchte. Wir finden nur selten heraus, was unser Lebenszweck und unsere Leidenschaften im Leben sind und wenn wir uns dem wirklich einmal nähern, haben wir allzu oft Angst, es uns einzugestehen und ihnen zu folgen.

Das Finden und Leben Ihres Ikigai ist einer der ersten Schritte zu einem langen, glücklichen Leben. Ohne Zweck wandern Sie sinnlos umher und halten an materiellen Dingen, Erinnerungen aus der Vergangenheit oder Menschen fest. Sie springen von einem Ziel zum anderen, von einer täglichen Aufgabe zur nächsten. Und Sie werden selten wissen, warum Sie das alles tun.

Psychology Today schreibt: *„Menschen, die glauben, dass ihr Leben lebenswert ist, leben länger."*

2. Gehen Sie es langsam an

Langsames Leben ist ein Lebensstil, der eine gediegenere Annäherung an die Aspekte des Alltags betont. Die Menschen in Okinawa sind begeistert von allem, was sie tun, so unbedeutend es erscheinen mag. Sie haben ein

Ikigai, jedoch nehmen sie es auch nicht immer zu ernst, denn es ist kein Zwang. Sie sind entspannt und genießen, was sie tun. Sie feiern alles und jeden, auch die kleinen Dinge. Musik, Gesang und Tanz sind wesentliche Bestandteile ihres täglichen Lebens.
Wir leben in einer Welt, in der ständig neue Technologien erfunden werden, die uns Zeit sparen. Wir nutzen diese, um immer mehr zu tun, und somit wird unser Alltag - etwas kontraintuitiv - noch hektischer und rasanter als zuvor. Unser Leben bewegt sich so rasant, dass es an uns vorbeizulaufen scheint, bevor wir es wirklich genießen können.
Dies muss jedoch nicht so sein. Ein langsameres Leben bedeutet, sich Zeit zu lassen, um den Morgen zu genießen, anstatt hektisch ins Büro zu eilen. Es heißt, sich ausgiebig an dem zu erfreuen, was Sie tun, die Natur zu schätzen, sich auf den Menschen zu konzentrieren, mit dem Sie gerade sprechen, anstatt Zeit am Smartphone zu verbringen oder stets über die Arbeit nachzudenken.
Einen Gang zurückschalten ist eine bewusste und nicht immer einfache Sache, doch sie führt zu einer größeren Wertschätzung für das Leben und einem höheren Grad an Zufriedenheit.

3. Niemals sattessen

In Okinawa ist die Sterblichkeitsrate durch Herz-Kreislauf-Erkrankungen die niedrigste in Japan, was mit hoher Wahrscheinlichkeit mit der Ernährung zu tun hat. Die

„Okinawa-Diät“ umfasst täglich wenigstens fünf Portionen Obst und Gemüse von mindestens sieben Sorten. Sie vermeiden so gut wie möglich Zucker und wenn doch, ist es Rohrzucker. Die normale tägliche Aufnahme eines Okinawas beträgt 1.900 Kalorien, deutlich weniger als wir. Zudem wird dort halb so viel Salz zu sich genommen wie im Rest Japans: 7 Gramm pro Tag, verglichen mit durchschnittlich 12 Gramm.
Es wird die konfuzianische Lehre namens „Hara hachi bu“ gelebt, die die Menschen anweist, nur zu essen, bis sie zu 80 Prozent satt sind. Es gibt eine signifikante „Kalorienlücke“ zwischen unserer Behauptung *„Ich bin voll“* und der Aussage eines Okinawas: *„Ich habe keinen Hunger mehr.“*
Diese kulturelle Kalorienreduzierung und die achtsame Ernährung ist Teil des Grundes, warum Okinawa einen höheren Prozentsatz von Hundertjährigen hat als sonst wo auf der Welt. Wir sollten lernen, das Essen zu genießen und nur so lange Nahrung zu uns nehmen, bis wir zu 80 Prozent voll sind, um das Geheimnis von Hara hachi bu in die Praxis umzusetzen, die Gesundheit zu verbessern und sogar Gewicht zu verlieren.

Zu den Einstiegsmöglichkeiten in das Hara hachi bu gehören:

Langsam essen. Schnelles essen führt zu mehr Nahrungsaufnahme. Wenn wir gemächlicher sind, werden wir achtsam sein und unserem Körper erlauben, auf

Hinweise zu reagieren, die uns sagen, dass wir keinen Hunger mehr haben.

Konzentration auf das Essen. Wenn Sie essen wollen, tun Sie das einfach und konzentrieren Sie sich voll und ganz darauf. Auf diese Weise nehmen Sie das Mahl langsamer auf, konsumieren weniger und genießen es mehr.

Verwenden Sie kleine Gefäße. Wenn Sie von kleineren Tellern essen, denkt Ihr Gehirn, dass er mehr enthält und Sie werden deutlich weniger zu sich nehmen, ohne darüber nachzudenken. Sehen Sie sich die Größe der Teller an, wenn Sie das nächste Mal an einem All-you-can-eat-Buffet teilnehmen, und Sie werden feststellen, dass diese viel kleiner sind als die in Ihrem Küchenschrank.

4. Umgeben Sie sich mit guten Freunden

In den kleinen Stadtteilen Okinawas treffen sich Freunde täglich oder an einigen Tagen in der Woche, um zu klatschen, das Leben zu erleben und bei Bedarf Ratschläge und auch finanzielle Unterstützung auszutauschen. Sie nennen diese Gruppen „Moai“. Der Begriff entstand vor Hunderten von Jahren zum Zwecke des finanziellen Unterstützungssystems eines Dorfes.
Ursprünglich wurden Moais gegründet, um die Ressourcen eines ganzen Dorfes für Projekte oder öffentliche Arbeiten zu konsolidieren. Heute hat sich die Idee zu einem sozialen

Unterstützungsnetzwerk entwickelt, einer kulturellen Tradition.
Es werden Gruppen von ungefähr fünf kleinen Kindern zusammengestellt, die sich ein Leben lang gegenseitig verpflichten. Sie treffen sich regelmäßig mit ihrem Moai wie eine zweite Familie, um zu arbeiten, zu spielen und Ressourcen zusammenzuführen. Einige Moais haben schon über 90 Jahre angedauert.
Untersuchungen zeigen, dass Freunde Ihre Gesundheit noch stärker beeinflussen können als die Familie. Menschen mit den meisten Gefährten überleben die mit weniger um 22 Prozent.
Denken Sie daran, dass dies echte Freunde bedeutet, keine Facebookfreunde oder Twitterfollower.
Es ist nicht das Ziel, eine große Anzahl an Freunden zu haben. Oberflächliche, entfernte und weniger bedeutungsvolle Beziehungen führen zu Unsicherheit und Einsamkeit, was Ihr Risiko für Krankheit und Tod ebenso erhöht wie Fettleibigkeit, Alkoholismus und Rauchen. Der Schlüssel ist, drei oder vier sehr gute Freunde zu haben, die sich genauso um Sie kümmern, wie Sie sich um sie. Um enge Freundschaften aufzubauen, müssen Sie überlegen, was Sie tun können, um den Menschen in Ihrer Nähe zu helfen, glücklicher zu sein, und es dann für sie machen.

5. Lächle

Die Okinawas sind sehr fröhlich und haben immer ein Lächeln im Gesicht. Sie glauben, dass es gut ist, die Dinge

zu sehen, die nicht so schön sind, doch wir sollten niemals vergessen, welch ein Privileg es ist, im Hier und Jetzt in einer Welt voller Möglichkeiten zu sein.
Eines der Geheimnisse des langen Lebens ist das Lächeln und Freude im Leben. Diese fröhliche Haltung ist nicht nur entspannend, sondern hilft ihnen auch, neue Freunde zu finden. Es gibt keine Bars und lediglich wenige Restaurants in Okinawa, aber diejenigen, die dort leben, genießen ein reiches soziales Leben, das sich um die Gemeindezentren dreht.
Es werden 46 Muskeln benötigt, um die Stirn zu runzeln und nur 17, um zu lächeln. Ein Lächeln drückt viel mehr aus, als einem Menschen zu zeigen, dass Sie glücklich sind. Es senkt die Herzfrequenz und den Blutdruck, während es Ihren Körper entspannt. Eine Studie des London University College ergab, dass glückliche, fröhliche Menschen mit einer 35 Prozent höheren Wahrscheinlichkeit länger leben.
Ein Lächeln kann Ihnen helfen, mehr Geld zu verdienen und die Karriereleiter nach oben zu steigen. Sie wirken selbstbewusst und professionell. Diejenigen, die ihre Kollegen und Kunden anlächeln, werden eher befördert oder erhalten eine Gehaltserhöhung. Menschen, die lächeln, wirken vertrauenswürdiger. Vergessen Sie also nicht, Ihr Lächeln überall hin mitzunehmen!

6. Verbinden Sie sich wieder mit der Natur

In Okinawa unterhält praktisch jeder einen Gemüsegarten, und die meisten Einwohner haben Felder mit Tee, Mangos,

Gemüse und vieles mehr. Gartenarbeit gibt ihnen das, wofür sie jeden Tag aufstehen.
Die Menschen kommen auf dem lokalen Markt zusammen, um ihre Produkte anzubieten und die neuesten Kreationen aus dem Garten zu teilen. Dies hilft ihnen, sich verbunden und geerdet zu fühlen. Ein Gefühl der Gemeinschaft mit anderen ist wichtig, aber auch die individuelle Verbindung zur Natur. Eine Studie der Harvarduniversität zeigt, dass Personen, die von üppigem Grün umgeben sind, länger leben und eine geringere Wahrscheinlichkeit haben, an Krebs oder Atemwegserkrankungen zu erkranken.
Über 100 weitere Studien legen dar, dass sich das Leben mit Fauna und Flora und sogar das Betrachten von Natur auf Gemälden und Videos positiv auf unser Gehirn, unseren Körper, unsere Gefühle, unsere Denkprozesse und unsere sozialen Interaktionen auswirken kann. Es ruft eine Reihe von optimistischen Emotionen hervor und beruhigt unser Nervensystem. Dies wiederum hilft uns, offener, kreativer, verbundener, großzügiger und belastbarer zu sein.
Da mehr als die Hälfte der Weltbevölkerung in Städten lebt, haben wir den Kontakt zur Natur verloren. Das Hamsterrad frisst unsere Zeit und Energie und lässt uns gestresst und ängstlich werden. Wir machen eine Midlife-Crisis durch, reisen, um uns selbst zu finden, bekämpfen Depressionen mit Pillen, wechseln Jobs und Autos, doch irgendwie können wir diese Lücke nicht füllen.
Auch wenn wir heute im Winter nicht mehr jeden zweiten Tag nach Nahrung suchen oder Holz für Feuer sammeln müssen, gibt es andere Möglichkeiten, sich wieder mit der

Natur zu verbinden. Zum Beispiel eine Pflanze in Ihrem Haus züchten, mit Ihrem Haustier spielen oder Ihr Mittagessen im Park genießen, den Sonnenaufgang oder -untergang beobachten oder eine Wanderung unternehmen, unter dem Sternenhimmel schlafen und so weiter.
Auch wenn Sie Ihr komfortables städtisches Leben nicht verlassen können oder wollen, gehen Sie raus und seien Sie ab und zu wild. Wenn Sie dies regelmäßig tun, werden Sie sich von der Natur angezogen fühlen.

7. Dankbar sein

Die Menschen in Okinawa sind dankbar für die kleinsten Dinge. Sie danken ihren Vorfahren, der Natur für die Bereitstellung von Luft und Nahrung, ihrer Familie und Freunden, allem, was ihren Tag erhellt und ihnen das Glück gibt, am Leben zu sein.
Dankbarkeit hat für die Menschen so wundervolle Ergebnisse erbracht, dass Wissenschaftler die Dankbarkeit und ihre physischen und psychosozialen Vorteile untersucht haben.
Eine von der Universität von Berkeley, Kalifornien, durchgeführte Studie teilte Teilnehmer in drei Gruppen ein und bat sie, zehn Wochen lang ein Tagebuch zu führen. Eine wurde aufgefordert, eine Liste von zehn Dingen niederzuschreiben, für die sie in den letzten sieben Tagen dankbar waren. Die zweite Gruppe wurde gebeten, zehn kleinere Ärgernisse der Woche aufzulisten, und die dritte

Gruppe wurde aufgefordert, über zehn Ereignisse zu schreiben, die sich in der vergangenen Woche auf ihr Leben auswirkten, jedoch ohne weitere Anweisung. Nach zehn Wochen fühlten sich die Teilnehmer aus der ersten Gruppe 25 Prozent glücklicher als die anderen.

Dankbarkeit erhöht auch Ihre körperliche Gesundheit. Sie senkt Stress, welcher Herzinfarkte und andere chronische Erkrankungen verursacht, stärkt Ihr Immunsystem, führt zu einer positiven Einstellung und fördert eine optimistische Lebenseinstellung.

Sie können damit beginnen, Dankbarkeit zu trainieren, indem Sie ein Tagebuch führen. Wählen Sie jeden Tag drei bis fünf Dinge aus, für die Sie sich verpflichtet fühlen und schreiben Sie diese auf. Sie könnten dankerfüllt für Ihre Freunde sein, Ihre Familie, Ihre Gesundheit und verschiedene andere Segen in Ihrem Leben. Wenn wir dankbar sind und es tief in uns verspüren, sind wir glücklich.

8. Bewegung

In Okinawa sind Menschen über achtzig und neunzig Jahre immer noch sehr aktiv. Sie bleiben nicht zu Hause und sehen aus dem Fenster oder verschwenden Zeit damit, Zeitung zu lesen. Sie gehen viel spazieren, machen Karaoke mit ihren Nachbarn, stehen früh morgens auf und begeben sich, sobald sie gefrühstückt haben, nach draußen, um ihre Gärten zu jäten. Sie nutzen kein Fitnessstudio oder

trainieren intensiv, doch sie hören im Laufe ihrer täglichen Routine fast nie auf, sich zu bewegen. Mit regelmäßigem Zugang zu Sonnenschein und Bewegung sind Sie gesünder, haben stärkere Knochen, einen höheren Vitaminspiegel und eine bessere Grundstimmung.
Um gesund zu bleiben, müssen Sie nicht jeden Tag eine Stunde ins Fitnessstudio gehen oder einen Marathon laufen. Wie uns japanische Hundertjährige zeigen, sollten wir zu unserem Tagesablauf lediglich Bewegung hinzufügen.
Das Üben einer der Disziplinen wie Yoga, Qi-Gong und Tai-Chi ist eine großartige Möglichkeit, Harmonie zwischen Körper und Geist zu finden, damit Sie mit Kraft, Freude und Gelassenheit der Welt und ihren Herausforderungen begegnen können. Diese sanften Übungen bieten außergewöhnliche gesundheitliche Vorteile und sind besonders für alle geeignet, die sich damit schwertun, fit zu bleiben.

9. Leben Sie im Moment

Japaner sind für ihre Beharrlichkeit und Absorption mit viel Liebe zum Detail bekannt. Dies ist in allen möglichen Zusammenhängen zu sehen, von den alten Leuten von Okinawa, die in ihrem Garten arbeiten, bis zu den Studenten, die die Wochenendschicht in Lebensmittelgeschäften übernehmen.
Stellen Sie sich vor, Sie besteigen einen großen Berg. Hoch oben bewegen Sie sich sehr bewusst und achten auf jede

Position Ihres Fußes. Es gibt keinen Raum für Fehler. Ein Aufmerksamkeitsverlust kann Sie das Leben kosten. Sie konzentrieren sich intensiv und nichts existiert außer Sie und dieser Berg. Die Zeit scheint sich zu verlangsamen und Ihr Geist verschiebt sich in einen neuen Raum. Ein Gefühl von Lebendigkeit, Verbundenheit und Frieden erfüllt Sie. Das ist der Moment. Es gibt keine Vergangenheit, keine Zukunft, nur das Hier und Jetzt. Sie sind in Ihrem Fluss.

Sie benötigen dazu nicht jedes Mal einen Berg, um in den Fluss zu kommen. Wenn Sie häufig den Fokus verlieren, während Sie an etwas arbeiten, das für Sie wichtig ist, können Sie verschiedene Strategien anwenden, um Ihre Chancen auf einen Fluss zu erhöhen. Zum Beispiel die gesamte Aufmerksamkeit im gegenwärtigen Moment zu konzentrieren, Multitasking vermeiden oder den Netzstecker zu ziehen, um keine Ablenkung durch soziale Medien zu haben.

Der effektivste Weg, diesen Fluss zu erreichen, ist die Auswahl einer Anforderung, die schwierig, aber nicht zu knifflig ist. Jede Anforderung, jeder Sport oder jeder Job hat eine Reihe von Regeln. Wenn diese für die Erfüllung einer Aufgabe oder das Erreichen eines Zwecks im Verhältnis zu unseren Fähigkeiten zu einfach sind, werden wir uns langweilen. Aktivitäten, die uns nicht herausfordern, führen zu Apathie.

Wenn wir andererseits eine zu schwierige Aufgabe angehen, verfügen wir nicht über die Begabungen, sie zu erledigen und werden mit ziemlicher Sicherheit aufgeben und frustriert sein. Idealerweise findet man einen Mittelweg, der auf unsere Fähigkeiten abgestimmt ist, jedoch ein Stück weit schwieriger, sodass wir ihn als echte Aufgabe erleben. Es ist unabdingbar, Herausforderungen bis zum Ende durchzustehen, um das Gefühl des Erfolges genießen zu können und um uns selbst voranzutreiben.

Wir können diese Strategie auch bei alltäglichen Aufgaben verwenden, wie Wäsche waschen, abspülen oder Papierkram erledigen. Bill Gates säubert jeden Abend das Geschirr. Er sagt, dass es ihm hilft, sich zu entspannen und seinen Geist zu klären, und dass er versucht, es täglich ein wenig zu verbessern, indem er einer Reihenfolge folgt, die er für sich selbst festgelegt hat: Teller zuerst, Gabeln als Zweites und so weiter. Wir sollten immerzu probieren, auch die alltäglichen kleinen Dinge besser zu machen.

Der Fluss ist wie ein Muskel: Je mehr Sie trainieren, umso mehr werden Sie fließen und desto näher werden Sie Ihrem Ikigai sein.

10. Niemals in Rente gehen

Es gibt in der Sprache von Okinawa kein Wort für Ruhestand. Ältere Einwohner leben ein zielgerichtetes Leben und wissen immer, warum sie morgens aufstehen. Sie fühlen sich gebraucht, haben eine Rolle in der Gesellschaft und tragen einen großen Teil dazu bei. Daher leben sie länger als die meisten anderen.

Dort wird der Ruhestand nicht wie bei uns als etwas Positives gesehen, das man anstrebt. Denn es bedeutet, dass Sie nach Ihrer Pensionierung nichts zu tun haben, die Gesellschaft belasten und Ihren Leidenschaften nicht mehr folgen.

Die Idee ist, Geist und Körper aktiv zu halten, um sich täglich mit Zweck und Ikigai zu füllen. Wir betrachten den Ruhestand als ein ultimatives Ziel für wohlverdiente Erholung vom Schlachtfeld einer Karriere. Wir sehen die Rente als ein goldenes Zeitalter der ewigen Freizeit an.

Stillstand tötet Ihr Ikigai. Wir müssen aufhören, so viel Zeit damit zu verbringen, uns darüber Sorgen zu machen, mehr Geld zu verdienen, um schließlich in den Ruhestand gehen zu können. Stattdessen sollten Sie sich darauf konzentrieren, ein großartiges Leben zu führen, solange Sie noch die Zeit und Möglichkeit dazu haben. Lernen Sie weiter, verändern Sie sich und wachsen Sie weiter.

Kapitel 3: Was Logotherapie mit Ikigai zu tun hat und wie es Ihnen helfen wird, Sinn im Leben zu finden

Was ist Logotherapie?

Logotherapie ist eine Behandlungsform, die Personen bei der Suche nach persönlicher Bedeutung unterstützt. Viktor Frankl, der Gründer der Logotherapie, glaubte, dass jeder Mensch das Bedürfnis hat, einen Sinn in seinem Dasein zu finden. Frankl betrachtete dieses Streben als stark genug, um selbst ernsthafte Prüfungen und Herausforderungen im Leben zu bewältigen.

Es gibt bei dieser Behandlungsform eine Reihe von Möglichkeiten, wie man diesen Prozess durchführen kann. Da nicht jede Methode für jeden hilfreich ist, bietet die Logotherapie Raum für die Behandlung des Einzelnen und seine Einzigartigkeit.

Die Idee, dass bestimmte Ereignisse im Leben dazu beitragen können, einen Sinn zu finden, ist in vielen Kulturen wie der des Ikigai in Japan und sogar in unserer gegenwärtigen Zeit ein dominierendes Thema. Jeder Mensch ist einzigartig, da wir alle unterschiedliche Erfahrungen machen und Umstände durchleben.

Die Logotherapie glaubt, dass uns diese individuellen Erfahrungen helfen, einen Sinn im Leben zu finden. Es ist bewiesen, dass man sich durch etwas, das man bei anderen gesehen oder selbst erlebt habt, inspiriert fühlen kann.
Logos kommt aus dem Griechischen und bedeutet in erster Linie „Wort", jedoch hat es auch die Bedeutung „Sinn" und „das Geistige". Es umschreibt somit den Menschen als Leib-Seele-Geist-Einheit, ein „dreidimensionales Wesen, dem der Wille zum Sinn innewohnt." Das Individuum fühlt sich von Natur aus dazu aufgerufen, den Sinn des Augenblicks zu entdecken und dementsprechend danach zu handeln. Dadurch erfährt er eine gewisse Hoffnung.
In der Logotherapie wird diese Selbsttranszendenz und -distanzierung eingesetzt, um Neurosen und Depressionen zu überwinden, indem neue und persönlich verbindende Werte erlangt werden. Sprich, um einen Sinn im Leben zu finden.
Ein Ziel der Logotherapie ist, diesen gesunden inneren Kern zu entdecken, die Qualitäten zu erfassen und mit anderen Menschen zu teilen, denen man dadurch wiederum helfen kann.

Wie sieht die Logotherapie den Menschen?

Das Menschenbild der Logotherapie beruht auf der These, dass jeder einen freien Willen und damit eine geistige Freiheit hat. Daher muss jede Person nach einem Sinn des

Lebens suchen und danach leben, um seine psychische Gesundheit zu erhalten.
Die Biologie, Psychologie, Gehirnforschung und Soziologie gelten in der Logotherapie als wichtige Verständnishilfen für das Menschsein. Doch das, was und wer der Mensch als Person ist, erschließt sich aus der Transzendenz. Die Logotherapie sieht jeden als ein Ganzes an, mit Geist, Körper und Seele. Jede Person ist einzigartig und hat seine eigenen Erfahrungen, Gedanken und Ideen, die dazu beitragen, wer er ist.

Was passiert, wenn man nicht nach seinem Sinn lebt?

Die Logotherapie geht davon aus, dass jeder einen gesunden inneren Kern besitzt. Wenn wir jedoch nicht nach unseren persönlichen Werten leben, werden wir auf Dauer frustriert sein und eine Leere spüren. Dadurch können sich ernsthafte Störungen und Erkrankungen entwickeln wie:
- Depression
- Neurose
- Langeweile
- Arbeitsunlust
- Ängste und Phobien
- Orientierungslosigkeit
- nihilistische Gedanken
- übermäßiger Geltungsdrang

- forciertes Luststreben
- Antriebslosigkeit
- Sucht

Die Grundthesen der Logotherapie

Der Behandlungsansatz der Logotherapie basiert auf den folgenden Grundthesen:

1. Jeder Mensch hat einen freien Willen und somit eine geistig begründete Freiheit. Damit hat jeder auch eine Verantwortung gegenüber einem Sinn, den er suchen und umsetzen muss.

2. Der Mensch ist von einer Sehnsucht und einem Streben nach einem Sinn getrieben und kann nur dann glücklich werden, wenn er diesen findet und verwirklicht.

3. Das Leben verliert niemals diesen bedingungslosen Sinn, jedoch kann sich dieser dem menschlichen Begreifen entziehen. Daher ist er eine übergreifende Größe, die immer wieder aufs Neue entdeckt werden muss.

Die 3 Hauptstraßen zum Sinn

In der Logotherapie geht es genau um das, was die Japaner ihr Ikigai nennen: der Suche nach dem Sinn des Lebens und

darin aufzugehen. Diese Therapieform kann Ihnen helfen, Ihr Ikigai zu finden und danach zu leben.
Viktor Frankl hat diese Sinnsuche mit den drei Hauptstraßen zum Sinn festgehalten.

Erlebniswerte
Die erste Hauptstraße beschreibt das Erleben eines sinnvollen Augenblicks. Sei es ein Spaziergang in der Natur, bei dem man achtsam schöne Kleinigkeiten wahrnimmt, der Besuch eines Konzertes oder Zeit, die wir mit einem geliebten Menschen verbringen.

Schaffenswerte
In der zweiten Hauptstraße geht es um das Erleben des Sinnes durch die Schaffung von Neuem. Sei es das kreative Gestalten eines Kuchens für die Familie oder ideelle Werte wie Freunde gewinnen, einen Beitrag zu leisten, Gutes zu tun.

Einstellungswerte
Bei der dritten Hauptstraße geht es darum, seine Haltung zu Situationen, die man nicht ändern kann, ganz bewusst zu wählen und anzunehmen. Die Einstellung zu schwierigen Ereignissen so zu verändern, dass man sie mit Achtsamkeit erlebt und wirken lässt, um sie besser hinnehmen zu können.

Ziele der Logotherapie

Einfach ausgedrückt, ist das Ziel der Logotherapie ebenbürtig mit der Lebensphilosophie des Ikigai: Den Sinn des Lebens zu finden und danach zu handeln. Die Ziele der Therapie sind:

1. Ihnen wird Ihre Situation bewusst, dass Sie die Freiheit und somit auch Verantwortung haben, Ihren Lebenszweck zu finden und danach zu leben.
2. Sie stärken Ihre innere Einstellung zu einem authentischen und glücklichen Leben.
3. Sie erleben, wie Ihre persönlichen Beziehungen und Begegnungen gelingen können.
4. Sie ermöglichen Ihnen selbst und Ihren Mitmenschen ein sinnreiches Leben durch die Umsetzung Ihrer Werte.
5. Sie fördern Ihr persönliches Wachstum und Ihre Entwicklung.

Übungen aus der Logotherapie für mehr Achtsamkeit

1. Übung: Dem eigenen Lebensfaden folgen

In dieser Übung geht es um die Antwort auf die Frage, was Ihnen in Ihrem Leben besonders wichtig ist. Gönnen Sie sich eine Stunde Ihrer Zeit, um dieser Aufgabe nachzugehen.
Am besten ziehen Sie sich an Ihren Lieblingsplatz zurück, einen Ort, der Ihnen Geborgenheit gibt und an dem Sie Ruhe finden können.
Schreiben Sie die Werte auf, die jetzt in diesem Moment auftauchen, ohne groß darüber nachzudenken. Gehen Sie alle durch und streichen Sie die, die Ihnen auf dem zweiten Blick nicht mehr so wichtig erscheinen. Es sollten maximal fünf bis sieben Werte sein, für die Sie sich letztlich entscheiden.
Dies sind Ihre persönlichen Werte, an denen Sie Ihr Handeln messen und sie als Grundlage für Ihr tun benutzten können.

2. Übung: Körperwahrnehmung

Richten Sie im Stehen beide Beine hüftbreit aus, um einen festen Stand zu bekommen und Ihre Fußsohlen gut spüren zu können. Drücken Sie Ihre Schultern leicht nach hinten und abwärts und strecken Sie Ihr Kinn so aus, dass es nach unten auf das Schlüsselbein zeigt.

Kneten Sie mit der linken Hand sanft Ihren rechten Arm. Beginnen Sie mit den Fingerspitzen und arbeiten Sie sich erst langsam nach oben bis zur Schulter vor und dann weiter bis zur Halswirbelsäule. Seien Sie sich währenddessen immer bewusst, wo sich Ihre Hand gerade befindet und was sie tut. Denken Sie sich in die soeben bearbeiteten Gliedmaßen hinein. Nach einer kleinen Pause, in der Sie in sich hinein spüren, wiederholen Sie die Übung am anderen Arm.

Legen Sie danach eine Pause ein, um aufmerksam nachspüren zu können. Indem Sie Ihre Haut berühren, wird Ihnen die Grenze zur Außenwelt bewusst, was Ihnen Ihr Leib-Sein deutlicher macht. Es entsteht eine Nähe zu sich selbst und es ermöglicht Ihnen, eine bessere Beziehung zu sich und Ihrem Körper aufzubauen. Konzentrieren Sie sich im Nachspüren darauf, was Sie fühlen. Wärme, Kribbeln, Brennen oder Pochen.

Diese Übung kann Ihnen bei depressiven Verstimmungen wie Lustlosigkeit und Abgeschlagenheit sowie bei Stressbelastung helfen, um sich wieder mit sich selbst und Ihrem Körper zu verbinden und sich zu spüren.

3. Übung: Paradoxe Intention und Dereflektion

Paradoxe Intention ist eine Praxis der Logotherapie, um einen emotionalen Zustand zu intensivieren und sich bewusst zu werden, wie irrational die Reaktion auf eine bestimmte Situation in der Realität sein kann.

Laut Frankl sollte man seine Ängste nicht bekämpfen, sondern akzeptieren und sogar unterstützen. So wurden Menschen, die bei Aufregung stottern, dazu aufgefordert, absichtlich noch mehr zu stottern. Dies soll dazu führen, das problematische Verhalten selbst steuern zu können.
Fordern Sie Ihre ängstlichen Gedanken heraus und versuchen Sie, sich ihnen nicht nur zu stellen, sondern die Situation zunächst sogar zu verstärken. Damit erhalten Sie die Kontrolle und die Möglichkeit, sich selbst aus dieser zu entfernen.
Die Dereflektion unterstützt dies, indem Sie die volle Aufmerksamkeit von problematischen Gedanken, Situationen oder Ängsten auf bedeutungsvolle Dinge lenken, die Ihre Achtsamkeit verdienen.
Beispiel: Sie sind von Ihren persönlichen Zielen geblendet und fühlen sich deprimiert, da Sie glauben, dass sie unerreichbar sind. In diesem Fall sollten Sie Ihre Gedanken ändern, indem Sie sich darauf konzentrieren, anzuerkennen, wie weit Sie es bereits geschafft haben.
Treten Sie einen Schritt zurück und lenken Sie Ihre Gedanken, um im Jetzt und Hier zu sein und anzuerkennen, wo Sie gerade sind. Mit Hilfe dieser Übung können Sie feststellen, welche Aufgaben und Aktionen erforderlich sind, um die Person zu werden, die Sie sein möchten.

Kapitel 4:
3 Regeln, mit denen Sie negative Gedanken und störendes Grübeln ein für alle Mal stoppen

Eine Studie der Harvarduniversität zeigt, dass der durchschnittlich westlich geprägte Mensch am Tag 50.000 bis 80.000 Gedanken hat. Das bedeutet, dass unser Gehirn ständig mit uns „spricht“. Und da unsere Gedanken so allgegenwärtig sind, glauben wir ihnen und denken, dass wir diese Gedanken sind. Wir sind der Meinung, dass diese ständige „Stimme“ in uns unser „Meister“ ist und wir haben dadurch Probleme, die gar keine sind.

Ein chinesisches Sprichwort besagt:

„Dein Geist ist ein hervorragender Diener, aber ein schlechter Meister.“

Unser Gehirn dient dazu, Probleme zu lösen, jedoch kann es nicht von denen unterscheiden, die jetzt im Moment zu beheben sind und denen, die es nicht sind.

Beispiel: Sie gehen zum Arzt und dieser stellt eine Unregelmäßigkeit fest. Um herauszufinden, ob es sich tatsächlich um eine Krankheit handelt, sind weitere

Untersuchungen notwendig, die Sie zu einem späteren Zeitpunkt erhalten werden. Ihr Gehirn beginnt intensiv damit, eine Lösung zu finden, sprich, Sie fangen an zu grübeln, ob Sie krank sind oder nicht. Jedoch lässt sich die Antwort erst mit den weiteren Untersuchungen erlangen und eine Aufklärung ist momentan unmöglich.
Sie müssen Ihren Gedanken nicht wirklich glauben. Ihr Geist soll Ihnen dienen, Sie nicht beherrschen. Wie Sie dies erfolgreich schaffen, hat schon Buddha gelehrt. Mit den folgenden drei Regeln erhalten Sie Kontrolle über Ihre negativen Gedanken und stoppen unnützes Grübeln.

1. Negativen Gedanken positive entgegensetzen

Diese erste Regel ist am einfachsten umzusetzen und kann grundsätzlich immer und überall angewendet werden.
Beispiel: Sie haben keine Lust, etwas zu tun. Setzen Sie einen positiven Gedanken dagegen, indem Sie denken, dass es eine gute Erfahrung sein kann, aus der Sie etwas Neues lernen können.
Es hört sich einfach an, ist jedoch in der Praxis manchmal schwer umzusetzen. Besonders zu Beginn, doch mit einiger Übung werden Sie schnell erkennen, dass alleine die optimistischere Formulierung und Wortwahl Ihrer Gedanken zu einer allgemein positiveren Einstellung beiträgt.

2. Gedanken wahrnehmen und beobachten

Die zweite Regel wird häufig in der Meditation in Verbindung mit Atemübungen verwendet. Lassen Sie Ihre Gedanken kommen, nehmen Sie sie wahr und beobachten Sie, wohin sie führen. Erkennen Sie die Eingebungen an und akzeptieren Sie sie. Atmen Sie tief ein und beim Ausatmen lassen Sie diese Gedankengänge wieder gehen.
Mit dieser Übung versuchen Sie nicht, ein Problem zu lösen oder negative Gedanken zu beurteilen, sondern Sie akzeptieren, dass es sie gibt, und schicken sie bewusst wieder weg.

3. Negative Gedanken abwehren

Mit der dritten Regel wehren Sie aktiv negative Gedanken ab, indem Sie diese nicht zulassen. Sie sagen ganz bewusst „STOP!“.
Um diese Regel erfolgreich umsetzen zu können, bedarf es einiges an Training. Wenn Sie negative Gedanken so sehr beeinflussen, dass sie schon fast zum Zwang werden und Sie sich nicht mehr aus dem Grübeln heraussehen können, sagen Sie Ihrem Gehirn immer und immer wieder „NEIN!“. Stellen Sie sich vor, Sie packen diese Gedanken in einen Sack und werfen ihn ins Wasser. Auch wenn es sich abwegig anhören mag, tun Sie dies so lange, bis Ihr Gehirn begriffen hat, dass diese Gedanken unerwünscht sind.

Ihr Verstand möchte, dass Sie glauben, dass Ihre Gedanken richtig sind und Sie eins mit ihnen sind. In Wahrheit ist Ihr Geist jedoch nur ein Teil von Ihnen. Ihr Verstand ist lediglich ein sehr nützliches Werkzeug. Sie müssen nur lernen, es richtig zu verwenden.
Ihr Geist ist ein Muskel, der trainiert werden kann. Je mehr Sie diese Übungen praktizieren, desto einfacher werden Sie negative Gedanken nicht mehr so häufig zulassen und viel schneller das Grübeln stoppen.
Warten Sie damit nicht, bis Sie sich in einer Situation befinden, in der Ihr Verstand und das Grübeln bereits die Kontrolle übernommen haben, Sie nicht mehr schlafen können und Ihren Antrieb verlieren.
Sollten Sie sich jedoch im Moment in einer sehr schweren Situation befinden und keinen Ausweg sehen, so haben Sie besonders jetzt viel Potenzial zu lernen. Wie Buddha sagt:

„Die Menschen mit den größten Herausforderungen haben das größte Potenzial, sich kennenzulernen.“

Kapitel 5:
Kintsugi – wie Sie aus Krisen lernen und Ihre Zukunft positiv gestalten

Was ist Kintsugi und wie hilft es, mit schwierigen Situationen umzugehen?

Kintsugi ist eine japanische Kunst, zerbrochene Keramik mit goldenem Klebstoff zu reparieren. Zerbrochene Teile werden wieder zusammengesetzt und mit Gold verschönert, sodass sie noch attraktiver wirken als zuvor. Anstatt weggeworfen zu werden, wird ein Objekt mehr denn je geschätzt, da dieser Defekt durch die Kunst des Kintsugi zu einer Stärke wird und eine neue Schönheit hervorbringt. Kintsugi findet man oft bei Tassen, die für die traditionelle Teezeremonie verwendet werden. Stücke mit einer interessanten Unvollkommenheit oder einem Defekt werden für ihre Schönheit und ästhetische Qualität geschätzt.

Das Konzept von Kintsugi ist eine überzeugende Verbildlichung und kann nicht nur auf Objekte angewendet werden. Es kann auch auf einen „Fehler“ oder Makel zutreffen, den Sie in sich selbst wahrnehmen. So kann beispielsweise ein Schönheitsfleck in Ihrem Gesicht für Sie störend wirken und Sie versuchen, ihn zu verdecken.

Jemand anderes findet genau diesen besonderen Fleck einzigartig und schön.
So wie Sie das Bittere brauchen, um das Süße zu schmecken, sind die Kämpfe, denen jeder gegenübersteht, ein Teil unserer Vergangenheit, unserer Identität und unserer Geschichte. Sie sollten die Narben, die diese Ereignisse hinterlassen, sei es körperlich sichtbare oder innere, feiern und die Art und Weise, wie sie uns definieren. Sie sind nicht zerbrochen, egal wie schmerzhaft eine Erfahrung erscheinen mag.
Auf praktischerer Ebene ermutigt es uns auch, achtsamer und bewusster zu konsumieren. In unserer Wegwerfgesellschaft werden Dinge, die kaputt sind oder nicht mehr funktionieren, sofort entsorgt. Wir sollten uns jedoch um unseren Besitz und somit um die Reparatur kümmern. Das ist besser für die Umwelt und für unser Bankkonto.
Kintsugi dient auch als kraftvolle Metapher für die Art und Weise, wie wir unsere wahrgenommenen Stärken und Schwächen angehen. Es gibt das japanische Sprichwort „chousho wa tansho“, das frei übersetzt bedeutet: „Unsere Stärken sind unsere Schwächen.“
Es ist wichtig, dass wir die Dinge, die wir als Stärken bewerten, nicht als selbstverständlich betrachten - sie erfordern Arbeit, Engagement und viel Kultivierung, egal ob es sich um eine Fähigkeit, eine Beziehung oder unsere geistige und körperliche Gesundheit handelt. Kintsugi ist

die Lehre, Schönheit in der Unvollkommenheit zu finden und sie zu feiern.
Es gibt verschiedene Möglichkeiten, zerbrochene Keramik mit der Kintsugi-Methode zu reparieren:

Den Riss reparieren: Hibi
Dies gilt für kleinere Brüche oder Haarrisse, da dies den geringsten Aufwand und die Verwendung von Goldharz erfordert. Es ist perfekt für Objekte, von denen Sie noch alle Teile haben, die einfach wieder zusammengesetzt werden können. Die Bruchstücke werden zusammengefügt und mit einem Goldstaublack versiegelt.

Durch Gold ersetzen: kake no kintsugi rei
Bei gebrochener Keramik, denen Teile fehlen oder die nicht mehr so gut zusammenpassen, werden diese Bereiche mit einem größeren Stück Gold ersetzt.

Patchwork: Yobi Tsugi
Hier werden fehlende Teile durch Stücke eines anderen zerbrochenen Objekts wie ein Patchwork ersetzt.

Doch Kintsugi geht über das Ausbessern und Zusammensetzen von Brüchen in Keramik hinaus. Es lässt sich auf das menschliche Dasein übertragen. Wie können Sie es zu einem Teil Ihres täglichen Lebens machen?

Nicht auf die Schwächen konzentrieren
Wie gewöhnlich konzentrieren wir uns auf unsere Schwächen und versuchen, sie zu verbessern und sehen dabei unsere Stärken als selbstverständlich.

Reparieren, nicht ersetzen
Nur weil ein Objekt kaputt ist, bedeutet dies nicht, dass das Ende seiner Nutzungsdauer erreicht ist. Schuhe sind ein gutes Beispiel. Finden Sie einen Schuster, um die Absätze zu reparieren.

Zelebrieren Sie Ihre Unvollkommenheiten
Makel machen uns einzigartig und definieren uns. Konzentrieren Sie sich nicht auf unrealistische Standards, die Sie ständig enttäuschen werden, sondern auf das, was Sie an sich selbst mögen.

Kintsugi hebt einen ganz entscheidenden Aspekt im Leben eines Objekts hervor: den Moment, wenn es unter Druck bricht. Es zeigt aber auch, dass es seine Pracht behalten kann, dass der Augenblick, in dem es zerbricht, nur ein kleiner Schritt auf einer kommenden Reise ist und nach der Reparatur sogar noch schöner ist.
Kintsugi enthüllt viel über die Psyche und die kulturellen Werte in der traditionellen Teezeremonie: Teetassen mit Kintsugi und anderen Makeln und Unvollkommenheiten werden mehr geschätzt als diejenigen, die fehlerfrei sind. Die Mängel, Ausbesserungen, Reparaturen und Risse

verraten zudem, wie gut gepflegt sie sind, wie geliebt und welche Rolle sie im Leben eines Menschen spielen.
Man könnte also sagen, je mehr Kintsugi ein Mensch hat, desto mehr Geschichten hat er zu erzählen, Erfahrungen gemacht und gelernt, was ihn noch schöner werden lässt.

Was ist Resilienz?

Resilienz ist ein Begriff aus der Psychologie und beschreibt die Fähigkeit eines Menschen, mit schweren Lebensumständen und Situationen auf gesunde Art und Weise umzugehen. Resiliente Personen sind widerstandsfähiger, was jedoch nicht bedeutet, abgehärtet zu sein. Durch das Trainieren von Resilienz kann man lernen, mit Krisensituationen umzugehen und daraus gestärkt hervorzugehen. Menschen, die belastbar sind, sind psychisch gesünder und weniger anfällig für Burn-out.
Jeder hat eine gewisse Resilienz. Es kommt nur darauf an, wie sinnvoll und wie leicht Sie sie in Ihrem Leben einsetzen. Das bedeutet nicht, dass die Person die Intensität eines Ereignisses oder Problems nicht spürt, sondern dass sie einen guten Weg gefunden hat, schneller damit umzugehen als andere.

Faktoren für mehr Widerstandskraft

Wie können Sie also Ihre Resilienz stärken? Einfach ausgedrückt, gelingt dies, indem Sie Ihre Denk- und Handlungsmuster anpassen.

1. *Akzeptieren Sie das Problem*
   Es hilft Ihnen nicht, sich dagegen zu wehren, denn das wird keine Lösung bringen. Indem Sie eine Situation akzeptieren, gelingt es Ihnen, die Ganzheit der Schwierigkeit zu ergreifen und somit einen Weg zu finden.
2. Dies gilt auch für *Veränderungen* in Ihrem Leben, die für Sie unangenehm sind. Manches haben Sie selbst in der Hand und Sie können es ändern, andere Umstände jedoch nicht. Sie können Kontrolle darüber erlangen, indem Sie sich der neuen Gegebenheiten anpassen.
3. *Denken Sie positiv*
   Das Leben ist wie eine Achterbahn und wir müssen uns neben Freuden auch mit vielen Unannehmlichkeiten auseinandersetzen. Resilienz bedeutet nicht, dass Sie das Leid nicht mehr spüren werden. Jedoch ist es mit mehr Widerstand leichter zu ertragen. Bei resilienten Menschen dominieren positive gegenüber negativen Gedanken. Sie können dieses positive Denken trainieren, indem Sie ein sogenanntes Glücktsagebuch führen. Schreiben Sie jeden Tag drei angenehme Ereignisse nieder, die Sie erlebt haben. Sie können davon ausgehen, dass Sie auch an einem schlechten Tag diese drei positiven Dinge finden werden, wenn Sie es nur zulassen.

4. *Positives Selbstbild*
   Trainieren Sie Ihre Sicht in Bezug auf sich selbst, lernen Sie Ihre Fähigkeiten und Charaktereigen-schaften schätzen. Nur wenn Sie davon überzeugt sind, dass Sie ein wertvoller Mensch sind (und das sind Sie) und daran glauben, was Sie können, haben Sie die Kraft, sich Herausforderungen zu stellen. Denken Sie an eine Eigenschaft von Ihnen, die Sie gerne *nicht* hätten. Versuchen Sie nun, diese von außen zu betrachten, als ginge es nicht um Sie, sondern einen Bekannten. Würden Sie dieses Merkmal noch immer als schlecht einstufen? Was könnte gut daran sein? Ändern Sie den Blickwinkel auf die eigenen Schwächen.
5. *Seien Sie optimistisch*
   Wenn sich Ihnen eine Herausforderung stellt, malen Sie sich nicht gleich das Schlimmste aus. Reden Sie sich vor allem nicht ein, dass Sie es nicht lösen können. Natürlich können Sie das! Sie werden sich die Situation in Ruhe ansehen, eine Lösung finden und noch stärker daraus hervorgehen.
   Betrachten Sie vergangene Krisen, die Sie bereits erfolgreich hinter sich gelassen haben. Damals dachten Sie, dass Sie es nie überstehen werden. Und doch sind Sie noch hier! Auch

diese neue Herausforderung werden Sie meistern.

6. *Alles hat einen Grund*
   Es gibt keinen Zufall, und wenn Sie zurückblicken, können Sie bei fast allen Geschehnissen in Ihrem Leben sagen, dass es einen Grund darstellte, warum Dinge passiert sind. Sie haben keine Kontrolle darüber, ob und wann etwas geschieht. Wehren Sie sich nicht dagegen, das ist sinnlos, sondern investieren Sie diese Energie in die Lösung des Problems. Ereignisse lassen sich nicht nur auf unsere Handlungen zurückführen, sondern auch auf Dinge, die wir nicht beeinflussen können. Drängen Sie sich selbst nicht in eine Opferrolle, sondern übernehmen Sie die Verantwortung, indem Sie aktiv daran arbeiten, sich aus der Situation zu holen.
7. *Glauben Sie an Ihre Fähigkeiten*
   Ein widerstandsfähiger Mensch glaubt an seine Fertigkeiten, Herausforderungen anzunehmen und zu meistern. Sie haben die Kontrolle, können Einfluss auf den Verlauf nehmen und sich durch positives Denken soweit selbst stärken, dass Sie nicht mehr daran zweifeln werden, ob Sie es bewältigen können oder nicht. Denken Sie an schwierige Situationen der Vergangenheit, die Sie gemeistert haben,

um sich daran zu erinnern, dass Sie es schon einmal oder mehrmals geschafft haben.

8. *Finden Sie Unterstützung*
von Ihrem sozialen Netzwerk. Resiliente Personen sind keine Einzelkämpfer, eher das Gegenteil. Sie haben gelernt, um Hilfe zu bitten, was nicht immer leicht sein mag. Und sei es lediglich indirekte Unterstützung von Freunden oder Familie, indem sie für Sie da sind. Viele möchten nicht um Hilfe bitten, weil Sie das Gefühl haben, zu versagen. Doch jeder hat Schwierigkeiten durchzustehen, somit ist es für niemanden neu und kein Zeichen von Schwäche. Sie sind doch auch für Ihre Familie und Freunde da, wenn diese Hilfe benötigen.

Übungen, um Resilienz zu trainieren

Britische Wissenschaftler veröffentlichten 2015 eine Studie, die zeigt, dass Resilienz-Training nicht nur die psychische Widerstandsfähigkeit festigt, sondern auch Ihr allgemeines Wohlbefinden, die Leistungsfähigkeit und die sozialen Kontakte. Die folgenden Übungen können Ihnen dabei helfen, Ihre Resilienz zu stärken.

Übung 1: Das Optimismus-Tagebuch

Die Basis für Resilienz ist eine optimistische und überzeugte Grundhaltung. Es reicht nicht aus, so zu tun, als ob und die rosarote Brille aufzusetzen oder bei allem nur zu lächeln. Diese positive Einstellung muss wirklich in Ihnen verankert sein, um die kleinen Dinge im Alltag schätzen zu können und eine bejahende Zukunftserwartung zu erreichen.

Vielleicht gehören Sie zu denjenigen, die Probleme unbewusst in den Mittelpunkt stellen. Damit überschatten diese allerdings das, was problemlos läuft und Sie gut können. Durch eine optimistischere Einstellung lernen Sie, das Gleichgewicht wiederherzustellen. Studien zeigen, dass Optimisten länger und besser leben als Pessimisten. Erinnern Sie sich an die Einwohner von Okinawa, die durch eine positive Lebenseinstellung über 100 Jahre alt werden?

Mit dem Optimismus-Tagebuch konzentrieren Sie sich auf die erfreulichen Erlebnisse im Leben. Kaufen Sie sich ein schönes Heft oder Notizbuch und nehmen Sie sich fünf Minuten täglich Zeit. Tun Sie dies immer zur gleichen Tageszeit, wann immer es für Sie am besten ist. Sei es kurz nach dem Aufstehen oder abends vor dem zu Bett gehen. Schreiben Sie alles Schöne und Positive auf, egal wie klein oder groß das Erlebnis gewesen sein mag. Sollte Ihnen nichts einfallen, hier ist eine kleine Hilfe:

- Was ist heute Schönes in Ihrem Leben passiert?
- Wofür sind Sie dankbar?

- Was könnte schlimmer sein?
- Was hat Sie heute zum Lachen oder Lächeln gebracht?
- Worin waren Sie heute erfolgreich?

Übung 2: Affirmationen

Affirmationen helfen uns, unser Selbstwertgefühl zu stärken. Umgesetzt heißt das, Sie wiederholen täglich mehrmals einfache Sätze, um neue Gedankenstrukturen im Unterbewusstsein zu verankern. Man kann sagen, dass Sie dadurch Ihr Gehirn umprogrammieren und mit der Zeit ein positives Selbstbild von sich erschaffen. Dies beeinflusst auch Ihre Gefühle und Ihr Handeln. Dazu bedarf es jedoch einiges an Übung und Zeit.

Diese Regeln sollten bei der Formulierung von Affirmationen eingehalten werden:

- Fragen Sie sich, was Sie gut können und welche Ihrer Eigenschaften Sie stärken möchten.
- Jede Affirmation muss mit „Ich bin“ beginnen, um Ihr Unterbewusstsein direkt anzusprechen.
- Halten Sie jede Affirmation so kurz wie möglich. Dadurch sind sie einfacher zu merken und leichter zu wiederholen.
- Affirmationen dürfen nur positiv sein und keine Wörter wie „kein“ oder „nicht“ enthalten.
- Sprechen Sie Ihre Affirmation laut aus. Damit spüren Sie die Worte mehr. Sollte sich die Formulierung „Ich bin“ nicht gut anfühlen,

versuchen Sie es mit „Ich darf“ oder „Ich kann mir erlauben“. Wichtig ist, dass Sie sich direkt ansprechen und Ihre Worte immer positiv formulieren.

Schreiben Sie Ihre Affirmationen auf, vielleicht sogar auf Lernkarten, die Sie immer bei sich haben. Sie können sie auch auf Post-it-Zettel niederschreiben und an einen Platz hängen, an dem Sie sich am häufigsten aufhalten. Somit werden Sie immer daran erinnert, Ihre Affirmationen so oft wie möglich zu wiederholen.

Übung 3: Das Erfolgstagebuch

Ein weiterer wichtiger Aspekt von Resilienz ist die Lösungsorientierung. Hören Sie auf, sich als Opfer zu fühlen, sondern richten Sie Ihre Energie auf die Suche nach Lösungen. Bei der Umsetzung dieser nicht einfachen Aufgabe hilft Ihnen das Erfolgstagebuch. Darin schreiben Sie täglich drei Sachen auf, die gut gelaufen sind, bei denen Sie erfolgreich waren. Konzentrieren Sie sich dabei nicht auf die großen Dinge, sondern auch auf die ganz kleinen Erfolge.
Benutzen Sie tatsächlich Stift und Papier und nicht Ihren Laptop oder das Smartphone. Eine Studie der US-amerikanischen Psychologen Daniel M. Oppenheimer und Pam A. Müller hat gezeigt, dass die Eindrücke von Notizen

auf Papier erheblich deutlicher sind als die auf digitalen Medien.
Durch das Führen eines Erfolgstagebuches erhalten Sie einen Überblick, wie viele kleine und auch große Erfolge Sie haben. Das Niederschreiben von Ereignissen hat zudem den Effekt, dass Sie Zusammenhänge und eigene Verhaltensmuster besser sehen können, Ihr Selbstvertrauen stärken und mehr über sich selbst lernen werden.

Übung 4: Stecken Sie sich tägliche Ziele

Um in der persönlichen und beruflichen Entwicklung voranzukommen, sollten Sie sich Ziele aufstellen. Auch wenn die Lehre des Ikigai sagt, im Hier und Jetzt zu leben, so wird dort unterstrichen, sich dennoch Ziele als Grundlage für die Zukunft zu setzen. Dabei muss es sich um realistische Ziele handeln, entsprechend Ihrer Fähigkeiten und Umstände. Haben Sie unrealistische Pläne, die Sie niemals erreichen können, verlieren Sie die Motivation und werden frustriert.
Nehmen Sie sich am Morgen Zeit, um sich selbst die folgenden Fragen zu beantworten. Idealerweise schreiben Sie Ihre Antworten auf, um später darauf zurückgreifen zu können.
- Was möchten Sie heute machen?
- Was wird Sie heute ausmachen?
- Wie möchten Sie sich heute sehen?
- Wer werden Sie heute sein?

Jeder Tag bietet eine neue Möglichkeit, neu anzufangen. Was Sie daraus machen werden, liegt an Ihnen. Sie setzen sich Ihre eigenen Ziele, was Ihre Gedanken darauf fokussiert, nach vorne zu blicken und nicht von Vergangenem aufgehalten zu werden. Durch das regelmäßige Formulieren von kleinen Errungenschaften erkennen Sie zudem auch die mittel- und langfristigen Ziele, die für ein glückliches Leben essenziell sind.

Übung 5: Empathie Training

Empathie ist das Mitgefühl oder Einfühlungsvermögen eines Menschen. Es ist signifikant für unser soziales Leben und somit eine weitere maßgebliche Säule für Resilienz. Um positive Beziehungen eingehen zu können, müssen wir die Empfindungen unserer Mitmenschen erkennen und beachten können.

In der Psychologie wird zwischen kognitiver und emotionaler Empathie unterschieden. Die kognitive Einfühlungsgabe erlaubt es Ihnen, den Gefühlszustand und die Körpersprache eines anderen Menschen einzuschätzen. Die emotionale Empathie hingegen bedeutet, dass Sie die Gefühle und Empfindungen anderer teilen.

Um ein für Resilienz wichtiges, gut funktionierendes soziales Netzwerk aufbauen zu können, ist kognitive Empathie notwendig. Diese intensiviert Freundschaften und Beziehungen. Ein Beispiel hierfür ist, Ihre Mitmenschen wissen zu lassen, dass Sie an sie denken. Dies kann eine

kleine Geste wie eine SMS sein oder den Kollegen zu fragen, ob Sie ihm einen Kaffee mitbringen sollen.
Für andere da zu sein bedeutet nicht, dass Sie Lösungen für sie finden, wenn diese sich mit einem Problem konfrontiert sehen. Zeigen Sie, dass Sie an sie denken und sie unterstützen.

Kapitel 6:
Die 7 simpelsten und effektivsten Methoden, um Stress endgültig aufzulösen

Stressbedingte Erkrankungen wie Burn-out kommen heute immer häufiger vor. Sozialer Druck und berufliche Erwartungen steigen und die Folge sind ständige Anspannung, Schlafstörungen und innere Unruhe. Diese können auch zu ernsthaften physischen Problemen führen. Daher ist es wichtig, einen Ausgleich zu diesen Stresssituationen zu schaffen. Eine Möglichkeit ist Entspannungsübungen, die Sie überall und zu jeder Zeit durchführen können.
Es gibt unzählig viele Methoden, sich zu entspannen und Stress abzubauen. Je nach Situation und Umständen eignen sich für jeden Einzelnen die einen besser als die anderen. Testen Sie die folgenden Übungen, um Ihren eigenen Weg zur Entspannung zu finden.

1. Waldbaden

Das Waldbaden kommt aus Japan und wird dort „Shinrin-Yoku“ genannt, was „Baden in der Waldluft“ bedeutet. Waldmedizin wird schon seit Jahrzehnten an japanischen

Universitäten gelehrt, erforscht und als Therapiemethode angeboten.
Beim Waldbaden nehmen Sie die Natur mit all Ihren Sinnen intensiv wahr. Alleine der Anblick von Bäumen und die Gerüche im Wald wirken entspannend auf den menschlichen Körper. Die Schönheit und Vielfalt der Natur beruhigt unseren Geist und ermöglicht uns somit mehr Abstand vom stressigen Alltag.
Dabei sollte man sich Zeit nehmen, um diese Wirkung voll entfalten zu können. Ein kurzer Spaziergang kann zwar kurze Entspannung bieten, um jedoch die Tiefenwirkung des Waldbadens erfahren zu können, sollten Sie dort einige Stunden bewusst verbringen. Untersuchungen haben gezeigt, dass ein Aufenthalt im Wald das Immunsystem und die Psyche stärkt. Um diese Tiefenwirkung zu erreichen, beachten Sie Folgendes:

- *Achten Sie auf Ihre Atmung.* Sie können sich auf den Waldboden setzen und Atemübungen durchführen, oder Sie achten auf Ihre Atmung, während Sie sich gemach fortbewegen. Atmen Sie dabei tief und langsam ein und aus, um Ihren Puls zu beruhigen und die reine Luft zu genießen. Damit werden Glückshormone ausgeschüttet und Ihr Immunsystem gestärkt.

- *Lassen Sie sich Zeit.* Beim Waldbaden geht es nicht darum, viele Kilometer zurückzulegen oder den Körper durch sportliche Betätigung zu stärken. Die intensive Wirkung wird sich nicht nach wenigen Minuten einstellen, sondern es braucht zumindest ein paar Stunden Zeit. Nehmen Sie die Natur um sich herum wahr, bewegen Sie sich langsam und verweilen Sie an einem Ort, um alles in sich aufzunehmen.

- *Stellen Sie Ablenkungen ab.* Während Ihres Spaziergangs im Wald sollten Sie Ihr Smartphone abstellen, keine Musik hören und den Ausflug am besten ganz alleine machen, um nicht abgelenkt zu werden. Ihr Hund ist allerdings selbstverständlich ein wundervoller und hilfreicher Begleiter, der sich über einen langen Spaziergang im Wald freuen wird.

- *Halten Sie inne.* Bleiben Sie regelmäßig stehen und sehen Sie sich genau um. Nehmen Sie Kleinigkeiten wahr, wie etwa den Waldboden. Nutzen Sie all Ihre Sinne, sehen, riechen, fühlen und schmecken Sie den Wald, sollten Sie beispielsweise Beeren finden können.
Achten Sie ganz besonders auf Ihre Atmung. Eine Pause eignet sich hervorragend für eine Meditation. Versuchen Sie Ihr Bewusstsein zu beruhigen, Ihre Gedanken wahrzunehmen und wieder wegzuschicken. Sie werden erfahren, dass es nach einiger Zeit viel einfacher werden wird, Ihre Gedankengänge zu kontrollieren.

- *Sorgen Sie für Ruhe.* In städtischen Regionen können die Wälder an schönen Tagen mit Spaziergängern überfüllt sein. Dort Ruhe zu finden und sich tief zu entspannen wird durch etwaige Störungen nur schwer möglich sein. Bereiten Sie sich vor Ihren Aufenthalt im Wald gut vor, indem Sie versuchen, einen etwas abgeschiedenen Ort zu erkunden.

- *Gehen Sie Ihre eigene Geschwindigkeit.* Damit ist nicht nur das Wandern durch den Wald gemeint, sondern auch die Länge Ihres Aufenthaltes. Für Ihr erstes Waldbad-Erlebnis sollten Sie zwei bis vier Stunden einplanen. Fühlen Sie sich wohl und möchten länger verweilen, umso besser. Fangen Sie langsam an und steigern Sie sich mit den nächsten Besuchen.

- *Sicherheit.* Teilen Sie einem Freund oder Familienmitglied mit, wohin Sie gehen werden und wie lange. Zwar sollten Sie Ihr Telefon abstellen, jedoch unbedingt mit sich führen, um es für einen Notfall zur Hand zu haben.

2. Heilatmen

Diese Atemübungen sind eine junge Art des Heilatmens, entwickelt vom japanischen Arzt Dr. Shioya. Er galt als bestes Beispiel dafür, dass sie eine gesunde Wirkung auf Körper und Geist haben. Er wurde 106 Jahre alt und war noch bis ins hohe Alter aktiv.
Laut Dr. Shioya sendet und empfängt jeder Mensch Schwingungen, je nach momentanem Befinden und individueller Lebenseinstellung. Positive Charaktere verbreiten positive Wellen und ziehen damit entsprechende

an. Man kann also sagen, dass wir das anziehen, was wir aussenden. Um unser Leben in eine hoffnungsfrohe Richtung zu lenken, müssen wir unsere Antenne bei Bedarf neu ausrichten, um positive Ereignisse und Menschen anzuziehen. Dies ist durch unsere Gedanken möglich, indem wir uns auf optimistische Ziele konzentrieren und Zweifel hinter uns lassen.

„Ein Kleinkind voller Urvertrauen lernt laufen, egal, wie oft es hinfällt und wieder aufstehen muss. Hätte das Kleinkind den Verstand eines Erwachsenen, würde es wohl nie laufen lernen.“
Dr. Shioya.

Durch Atmung und Visualisierung ist es möglich, das Gehirn vor Senilität im Alter zu schützen und sogar jugendlich zu halten.

Es gibt folgende Methoden zur Heilatmung nach Dr. Shioya:

Rechtes Denken
Das Ziel ist die richtige Haltung zum Alltagsleben. Um diese zu trainieren, gibt es zahlreiche Techniken. Beispiele sind:

- Jederzeit positiv denken.
- Immer dankbar sein.
- Jammern Sie nicht.

Rechtes Atmen
Hier handelt es sich um eine tiefe Form der Bauchatmung. Beispiele:

Körperhaltung und Mundra der Glocke
Setzen Sie sich mit geradem Rücken aufrecht und entspannt auf einen Stuhl. Dabei können Sie im Schneidersitz oder in einer Meditationshaltung Platz nehmen. Wichtig ist, dass Sie genügend Raum zum Atmen haben. Lehnen Sie sich nicht mit dem Rücken an. Entspannen Sie Ihre Schultern und halten Sie Ihre Arme seitlich am Körper, sodass die Ellenbogen rechtwinklig sind.

- Legen Sie Ihre beiden Handflächen vor Ihrem Bauchnabel zusammen, als wollten Sie einen Ball halten. Wenn Sie Rechtshänder sind, befindet sich Ihre aktive Hand oben, während die Daumen übereinander liegen und Sie somit einen Hohlraum bilden. Dieser wird als Mudra der Glocke bezeichnet.

- Atmen Sie nun langsam und ruhig durch die Nase ein. Versuchen Sie, die Luft in Ihren Unterbauch zu atmen, wodurch sich das Zwerchfell senkt und die Lunge sich vollständig füllen kann.

- Spannen Sie Ihren Unterbauch an und verschließen Sie Ihren After fest, während Sie den Atem für maximal zehn Sekunden anhalten.

- Atmen Sie nun geräuschlos durch die Nase aus, wobei Sie die Spannung im Unterbauch und After wieder lösen und dabei die Bauchdecke nach innen gehen kann. Lassen Sie sich doppelt so viel Zeit mit dem Ausatmen wie beim Einatmen.

- Nun atmen Sie ein paar mal normal, um Ihre Atmung wieder zu regulieren. Wiederholen Sie diese Schritte täglich 25 Mal.

- Um die Übung abzuschließen, machen Sie zehn langsame, tiefe und ruhige Atemzüge, bei denen Sie wieder in Ihren Unterbauch atmen. Währenddessen können Sie beispielsweise die in den vergangenen Kapiteln gelernten Sätze der Affirmation wiederholen.

Imagination

Bei dieser Atemtechnik verwendet man die Kraft lebensbejahender Gedanken. Wenn Sie sich etwas wünschen oder einen gewissen Zustand erreichen möchten, können Sie Ihr Bewusstsein positiv programmieren, um an die Erreichung Ihrer Ziele zu glauben. Bleiben Sie dabei jedoch realistisch. Mit dieser Übung können Sie die Imagination mit dem Atmen in Einklang bringen.

1. Stellen Sie sich beim Einatmen vor, die gesamte grenzenlose Kraft des Universums versammelt sich in Ihrem Unterbauch und erfüllt Ihren ganzen Körper.

2. Während Sie Ihren Atem anhalten, stellen Sie sich vor, dass Ihr Körper vollkommen gesund ist. Sollten Sie gerade mit einem körperlichen Leiden kämpfen, sagen Sie sich „Mein (Name der Krankheit) ist geheilt.“

3. Stellen Sie sich während des Ausatmens vor, dass alle Giftstoffe in Ihrem Körper zusammen mit dem Atem ausgeschieden werden.

Sollten Sie mit der gedanklichen Vorstellung Schwierigkeiten haben, formulieren Sie Sätze, die Sie sich entweder laut oder in Gedanken vorsagen. Wiederholen Sie diesen Zyklus fünfmal pro Beschwerde. Wenn Sie frei von Krankheiten sind, wiederholen Sie 25 Mal mit der Vorstellung oder auch Formulierung, dass Sie gesund sind. Führen Sie diese Übung mindestens einmal pro Tag durch.

Anfangs kann es passieren, dass Sie am nächsten Tag einen Muskelkater verspüren. Dies ist jedoch normal und wird sich im Laufe der Zeit geben. Übertreiben Sie es zu Beginn nicht und bauen Sie die Übungen langsam auf.

3. Shiatsu

Shiatsu ist eine sehr alte japanische Massagemethode, die auf der gleichnamigen Philosophie und medizinischen Methodik wie Akupunktur basiert. Durch Fingerdruck werden die Meridiane (Energiekanäle) stimuliert und der Fokus auf das Qi gelenkt. Diese Methode eignet sich sehr gut zur Selbstmassage und kann fast überall zu jeder Zeit angewendet werden. Ohne große Vorkenntnisse können Sie damit Ihr Wohlbefinden steigern, sich bei körperlichen Bürden entspannen, seelischen Belastungen entgegenwirken, Spannungen lösen und den Energiefluss Ihres Körpers anregen.

Druck auf die Zone zwischen Groß- und Kleinzehballen
Diese Übung ist eine schnelle Lösung, um Spannungen abzubauen. Üben Sie mit beiden Daumenspitzen konzentrierten Druck auf den Ballen zwischen dem großen und kleinen Zeh aus. Reiben Sie mit leichtem Druck beide Daumen längs über die Fußsohle. Sie werden die rasch einsetzende Entspannung schon nach wenigen Anwendungen spüren und damit gelassener werden.

Augenkreisen

Um sich gut konzentrieren zu können, sind entspannte Augen von hoher Wichtigkeit. Mit dieser Übung können Sie Ihre Konzentrationsfähigkeit steigern, indem Sie Ihren Blick entspannt, aber konsequent nach oben richten. Blicken Sie langsam von oben nach links, dann nach unten und schließen den Kreis, indem Sie noch einmal nach rechts sehen. Führen Sie diese Übung fünfmal hintereinander durch.

Energiestimulus

Diese Übung wird Ihnen einen hilfreichen Schub an Energie verleihen. Stemmen Sie Ihre Hände in die Hüften. Dabei zeigen die Daumen nach hinten. Durch Aufwärts- und Abwärtsbewegungen üben Sie dann Druck auf das Gebiet oberhalb des Beckenkammes aus. Diese Technik kann, regelmäßig angewendet, Ihr Immunsystem stärken.

Klarheit

Mentale Schärfe ist wichtig, um Entscheidungen treffen zu können. Diese Übung steigert Ihren Selbstfokus. Stecken Sie hierzu die Zeigefinger in Ihre Ohren und üben Sie gleichmäßigen Druck aus, indem Sie mit den Fingern in den äußeren Gehörgang eindringen und sie wieder herausziehen. Wiederholen Sie den Vorgang mehrmals und die Übung so oft Sie können und möchten.

Zuversicht

Um Ihre bereits in den vorangegangenen Kapiteln gelernten Erkenntnisse bezüglich positiven Denkens zu intensivieren, legen Sie vier Finger der rechten Hand auf den Solarplexus, während Sie die linke auf der rechten ruhen lassen. Üben Sie leichten Druck auf diese Region aus, indem Sie sie gleichmäßig mit kreisenden Bewegungen massieren.

Angst

Selbst wenn Sie nicht an Angstzuständen leiden, so kennen Sie dennoch sicher Momente, in denen Furcht Ihr Leben lähmt. Sollten diese angstvollen Gedanken aufkommen, trommeln Sie sanft mit den Fingerknöcheln an Ihre Schädeldecke. Beachten Sie dabei, dass die Übung nicht schmerzhaft ausgeführt wird.

Energiefluss

Die Basis für mentales und physisches Wohlbefinden ist ein reibungsloser Fluss von Energie entlang der Meridiane. Diesen Fluss von Kopf bis Fuß können Sie anregen, indem Sie mit den Knöcheln beider Hände kontinuierlichen Druck auf die Wirbelsäule durch Auf- und Abwärtsbewegungen ausüben.

Stoffwechsel

Diese sehr einfache Übung kann Ihren Stoffwechsel positiv beeinflussen und gleichzeitig Ihr Selbstbewusstsein stärken.

Legen Sie hierzu Ihren rechten Zeigefinger unter die Nase und reiben Sie die Stelle mit deutlich spürbarem Druck. Wiederholen Sie diese Übung zwölfmal.

Durchblick
Mit der folgenden Übung können Sie Ihre Gedanken fokussieren, um eine gute Sicht auf die Dinge zu gewinnen. Platzieren Sie Ihre Hände unter den Rippenbögen, die Daumen zeigen nach hinten. Die restlichen Finger massieren mit etwas Druck den Bauch.

Muskelanspannungen
Mit dieser Übung können Sie Muskelverspannungen lösen, indem Sie mit dem Daumen und Zeigefinger auf die Muskelverhärtung Druck ausüben und anschließend die Region mit leichten Bewegungen ausstreichen.

Spannung
Allgemeine Verspannungen können Sie lösen, indem Sie beide Hände auf Ihren Kopf legen. Dabei liegen jeweils vier Finger auf der Schädeldecke, während die Daumen mit leichtem Druck kreisende Bewegungen in der Schläfenregion ausführen. Achten Sie bei der Übung auf eine gleichmäßige Atmung.

Schlaflosigkeit
Bei Schlaflosigkeit kann spürbarer Druck mit der Daumenspitze auf die Nasenwurzel helfen. Halten Sie diese

Position kurz, atmen Sie tief ein und aus und wiederholen Sie diese Übung einige Male. Es stellt sich eine allgemeine Ruhe ein und der Körper entspannt sich.

4. Meditation

Meditation ist eine Wellness-Praxis, die nachweislich Stress abbaut, den Fokus verbessert, Schmerz reduziert und zur Verbesserung der geistigen und körperlichen Gesundheit beiträgt.
Untersuchungen zeigen, dass Meditation Stress und Angst reduziert, den Fokus und die Konzentration verbessert und das Gefühl von Ruhe und Entspannung steigern kann.
Dabei geht es beim Meditieren nicht darum, eine andere, neue oder sogar bessere Person zu werden, sondern darum, das Bewusstsein zu trainieren und einen gesunden Blickwinkel zu erlangen. Sie versuchen dabei nicht, Ihre Gedanken oder Gefühle auszuschalten, sondern Sie lernen, diese ohne Beurteilung zu beobachten und vielleicht auch leichter zu verstehen.

Mantra-Meditation
Die Mantra-Meditation eignet sich hervorragend für Anfänger, da zu Beginn die aufkommenden Gedanken die größte Herausforderung sind. Durch die Mantras werden Sie von diesen störenden Gedankengängen abgelenkt und können sich somit voll und ganz auf die Meditation konzentrieren.

Diese Form der Meditation wird vorwiegend im Buddhismus und Hinduismus praktiziert, jedoch auch im Yoga und östlichen Christentum.
Mantra bedeutet in der altindischen Sprache Sanskrit übersetzt so viel wie „den Geist schützen“. Bei dieser Form der Meditation wird das Bewusstsein auf etwas Bestimmtes gelenkt, in diesem Fall das Mantra. Dieses kann ein Wort oder ein kurzer Satz sein, den man im Geiste oder laut ausgesprochen immer wieder wiederholt. Das berühmteste Mantra ist das „OM“, welches als die Ursilbe des Universums gilt.
Die Aufmerksamkeit wird ausschließlich auf das Mantra gerichtet, sodass keine unangenehmen oder ablenkenden Gedanken kommen können. Somit schützt die Mantra-Meditation den Geist vor negativen Betrachtungsweisen.
Als Mantra eignet sich eine positive Affirmation. Dabei sollten die Sätze oder Phrasen kurz und prägnant sein wie „Ich bin jeder Herausforderung gewachsen.“. Und so gehts:

1. Nehmen Sie eine bequeme Sitzposition ein, bei der Ihr Rücken gerade ist.
2. Lassen Sie Ihre Hände entspannt im Schoß ruhen.
3. Schließen Sie nun Ihre Augen und konzentrieren Sie sich auf Ihre Atmung.
4. Sagen Sie Ihr gewähltes Mantra nun laut oder im Geiste auf. Vergessen Sie dabei nicht, tief und langsam zu atmen.

5. Wiederholen Sie das Mantra beim nächsten ausatmen.
6. Konzentrieren Sie sich auf den Klang Ihres Mantras und die in Ihrem Körper erzeugten Vibrationen.
7. Wiederholen Sie immer wieder das gleiche Mantra. Für Anfänger empfehlen sich anfangs Sitzungen von etwa zehn Minuten.
8. Behalten Sie danach diese Position für eine weitere Minute bei, um die Meditation ausklingen zu lassen und den Effekt spüren zu können.

Die Mantra-Meditation hat keine wirklichen Regeln, somit haben Sie ausreichend Platz für Ihre ganz eigene persönliche Art und Weise, wie Sie sie ausführen. Wichtig dabei ist, die Gedanken von allem abzulenken und sich ausschließlich auf das Mantra zu konzentrieren.
Sie können Ihr Mantra im Sitzen, Stehen oder Liegen, laut oder im Gedanken, singend oder sprechend ausführen. Wichtig ist, dass Sie sich wohlfühlen und keine Ablenkungen haben. Sollten Sie gerade keine positive Affirmation als Mantra nutzen wollen, so reicht das „OM" vollkommen aus. Zählen Sie bei Ihren Wiederholungen mit, was dabei nützlich ist, sich noch intensiver auf die Meditation zu konzentrieren. Eine Mala (Gebetskette) mit 108 Perlen kann Ihnen bei der Zählung der Repetitionen helfen.

5. Lachyoga

Lachen ist bekanntlich gesund. Lachyoga ist nicht nur einfach, sondern trägt auch dazu bei, Stress abzubauen, eine positivere Einstellung zu fördern und neue Energie zu erlangen. Es ist eine Übungsroutine, die körperlichen, geistigen und emotionalen Stress reduziert und ein gefühlsmäßiges Gleichgewicht herstellt.

Lachen ist gesund

Die gesundheitlichen Vorteile des Lachens lassen sich in zwei Kategorien einteilen: 1. Für Menschen, die nicht krank sind und gesund bleiben möchten. 2. Denjenigen, die eine Krankheit haben, hilft Lachyoga dabei, schneller zu heilen. Zudem hält es fit und stärkt das Immunsystem.

Lachyoga kann mit Kardiotraining verglichen werden. Lediglich zehn Minuten herzhaftes Lachen entsprechen 30 Minuten auf dem Rudergerät. Es erhöht die Durchblutung und entspannt die Muskeln. Zudem beugt es Depressionen vor, senkt den Blutdruck, reduziert Symptome von Allergien, Asthma und Arthritis.

Steigerung der Lebensqualität

Durch das Lachen werden Endorphine freigesetzt, die Ihre Laune innerhalb kürzester Zeit heben. Sie fühlen sich innerlich gut und bleiben den ganzen Tag über fröhlich. Sie erreichen eine positivere Lebenseinstellung, durch die Sie negative Gedanken minimieren. Zudem steckt Lachen bekanntlich an, was bedeutet, dass auch Ihre Umgebung davon profitieren wird.

Intensivierte Sauerstoffaufnahme

Lachyoga ist eine Übungsroutine, die Lachübungen mit Yoga-Atmung kombiniert und somit mehr Sauerstoff in den Körper und das Gehirn leitet. Durch Lachyoga fühlen Sie sich den ganzen Tag über energiegeladen und frisch und Sie können mehr arbeiten, ohne müde zu werden.

Lachen lindert Schmerzen

Studien haben gezeigt, dass Lachen schmerzlindernd wirken kann und eine signifikante Heilwirkung auf Körper und Geist hat. Es lenkt Sie nicht nur vom Negativen ab, dem Schmerz, sondern fördert zudem Ihre Durchblutung und die bereits erwähnte Sauerstoffzufuhr und Verspannungen werden gelöst.

Übung 1:

Beginnen Sie mit der peinlichen Lachübung, bei der Sie an einen blamablen Vorfall denken und ihn laut ganz locker nacherzählen und lachen, während Sie ihn mitteilen. Sie können Ihre Hände heben und dabei klatschen, sich darauf konzentrieren, nur Kauderwelsch zu sprechen und zu lachen, während Sie die peinliche Geschichte „erzählen“.

Übung 2:
Führen Sie die Applausübung aus, bei der Sie dezent klatschen und leise Summen, um Zustimmung zu signalisieren. Lassen Sie das Geräusch lauter werden, bis Sie schneller und wilder lachen und klatschen. Versuchen Sie so laut wie möglich zu sein, während Sie lachen.

Übung 3:
Versuchen Sie eine Entschuldigungs- oderVergebungs-übung, bei der Sie an einen Menschen denken, bei dem Sie sich entschuldigen und „Es tut mir leid" sagen möchten, oder an eine Person, der Sie vergeben möchten, und sagen Sie „Ich vergebe Dir". Sie können dann lachen, nachdem Sie Vergebung gezeigt oder eine Entschuldigung angenommen haben.

Um die Lachyogastunde abzuschließen, können Sie meditieren oder einer anderen Tätigkeit nachgehen, die Sie entspannt.

4 alltägliche Lachyoga-Übungen

1. Spiegelbild anlächeln
   Diese einfache Übung lässt sich leicht in die Morgenroutine einfügen. Lächeln Sie beim Zähneputzen Ihr Spiegelbild an. Sie können selbstverständlich auch dabei herzlich lachen.
2. Blume riechen

Pflücken Sie im Gedanken eine Blume und riechen Sie ausgiebig daran. Atmen Sie dabei tief und behäbig ein, halten Sie den Atem kurz an, während Sie lachen. Danach lassen Sie die Luft langsam ab.

3. Smileys aufhängen
   Um sich selbst an das Lachen zu erinnern, malen Sie verschiedene Smileys auf Post-its und verteilen Sie sie in Ihrer Wohnung oder an Ihrem Arbeitsplatz. Diese werden Sie immer und überall anlächeln, was Sie wiederum ermahnt, zu lächeln.
4. Der Weihnachtsmann
   Stellen Sie sich gerade hin und strecken Sie Ihren Bauch weit nach vorne. Verschränken Sie die Hände auf dem Bauch und lachen Sie mit einem tiefen „Hohoho" wie der Weihnachtsmann.

6. Progressive Muskelentspannung

Die progressive Muskelentspannung ist eine der am leichtesten zu erlernenden Methoden, bei der einzelne Muskelgruppen effektiv entspannt werden. Durch das Anspannen und wieder Loslassen der Muskeln erzielt man einen nachhaltigen Effekt, der den Pulsschlag und den Blutdruck senkt und die Atmung beruhigt.

Vorbereitung

- Tragen Sie bequeme Kleidung und wählen Sie einen Ort aus, an dem Sie in den nächsten 30 Minuten nicht gestört werden.

- Legen Sie sich entspannt hin und schließen Sie Ihre Augen.
- Achten Sie nun auf eine gleichmäßige und ruhige Atmung.
- Wandern Sie in Gedanken von unten nach oben durch Ihren Körper und prüfen Sie, ob Sie Verspannungen fühlen können.

Übungen

Spannen Sie die Muskelgruppen in Ihrem Unterkörper beim Einatmen nacheinander für etwa zehn Sekunden an. Beim Ausatmen entspannen Sie sie wieder, während Sie so langsam wie möglich den Atem loslassen.

Konzentrieren Sie sich nun auf Ihre Arme und Hände. Beginnen Sie mit der rechten Hand, indem Sie eine Faust machen. Drücken Sie Ihren Oberarm gegen den Brustkorb und winkeln Sie dabei den Unterarm in einem 90-Grad-Winkel an. Auch hier halten Sie diese Position für etwa zehn Sekunden und lassen dann wieder los. Vergessen Sie dabei Ihre Atmung nicht. Wiederholen Sie diese Übung mit der anderen Seite.

Spannen Sie nun Ihre Füße an, indem Sie die Zehen zusammenkrallen. Beugen Sie den Spann Richtung Boden und heben Sie das Bein an. Dabei bleibt es gerade und dehnt somit Ihre Oberschenkelmuskulatur. Lassen Sie nach zehn Sekunden wieder los, atmen Sie entsprechend bei der Übung und wiederholen Sie das Ganze mit dem anderen Bein.

Danach spannen Sie Ihre Pobacken an, indem Sie diese fest zusammendrücken.
Ziehen Sie nun Ihre Augenbrauen hoch und runzeln Sie die Stirn, während Sie zusätzlich Ihren Scheitel anspannen. Sie können Grimassen machen, indem Sie die Nase rümpfen und die Augen zusammenkneifen. Beißen Sie dann fest Ihre Zähne aufeinander und pressen Sie Ihre Lippen zusammen. Öffnen Sie danach den Mund so weit Sie können. Bei allen Übungen nicht die Atmung vergessen!

Danach ziehen Sie Ihre Schultern hoch und drücken Ihren Hals nach hinten. Atmen Sie nun besonders tief durch, während Sie Ihre Brustmuskeln anspannen. Halten Sie den Atem ein wenig an und versuchen Sie, Ihre Brustmuskeln so hart wie möglich werden zu lassen. Drücken Sie dabei mit den Lendenmuskeln dagegen, während Sie ein Hohlkreuz machen.
Spannen Sie anschließend noch einmal alle Muskelgruppen an, während Sie tief einatmen. Lassen Sie beim langsamen Ausatmen wieder los.
Nun wandern Sie im Gedanken durch alle Muskelgruppen, die Sie soeben trainiert haben. Atmen Sie dabei tief ein und aus und dehnen Sie Ihre Gliedmaßen, als würden Sie gerade aufwachen. Lassen Sie sich dabei so viel Zeit wie Sie benötigen, um die entspannende Wirkung mit in den weiteren Tag zu nehmen.

7. Tipp-Trance-Induktion

Mit der Tipp-Trance-Induktion können Sie bereits in einer Minute entspannen, indem Sie sich gezielt und in kurzer Zeit durch das Klopfen auf bestimmte Körperstellen in einen sehr tiefen Entspannungszustand zu versetzen.
Je schneller und gezielter Sie sich entspannen, desto rascher können Sie Ihre Batterien wieder aufladen und neue Energie gewinnen. Zudem ermöglicht ein tiefer Entspannungszustand auch einen fokussierten Blick auf Lösungen für Probleme und Fragen, mit denen Sie sich gerade beschäftigen.

Die Tipp-Trance-Induktion wird auch in der Hypnotherapie und beim autogenen Training genutzt. Sie basiert auf dem Überkreuz- oder Links-rechts-Prinzip, das auch bei Trauma-Techniken wie EMDR oder bei der Selbstcoaching-Technik Wingwave eingesetzt wird.
Die Vorteile der Tipp-Trance-Induktion liegen darin, dass diese Technik sehr einfach zu erlernen und umzusetzen ist. Dabei wird nicht nur der Körper entspannt, sondern auch der Geist. Mit ein wenig Übung werden Sie diese Technik überall und zu jeder Zeit schnell und einfach anwenden können.

Übung

1. Suchen Sie sich einen Ort, an dem Sie vollkommen ungestört und frei von Ablenkungen sind.

2. Wählen Sie eine bequeme Sitzposition.
3. Schließen Sie nun Ihre Augen und tippen Sie dabei abwechselnd mit der linken Hand auf den rechten Oberschenkel und mit der rechten Hand auf den linken Oberschenkel.
4. Zählen Sie währenddessen in Gedanken rückwärts von 10 bis 0.
5. Konzentrieren Sie sich ausschließlich auf das Tippen.
6. Wiederholen Sie diesen Vorgang etwa dreimal oder so lange, bis Sie einen tiefenentspannten Trancezustand erreicht haben.
7. Nutzen Sie diesen Zustand, um kurz innezuhalten. Genießen Sie die tiefe Entspannung oder stellen Sie sich selbst eine Frage, über die Sie im Moment nachdenken möchten.
8. Lösen Sie die Trance wieder auf, wenn Sie bereit dazu sind. Öffnen Sie langsam Ihre Augen und atmen Sie tief durch, während Sie sich strecken.

Kapitel 7:
Wabi-Sabi: wie Sie selbstbewusster und achtsamer werden

„Wabi“ wird aus dem Japanischen als „rustikale Einfachheit“ oder „zurückhaltende Eleganz“ definiert, wobei der Schwerpunkt auf einer Weniger-ist-mehr-Mentalität liegt. „Sabi“ bedeutet übersetzt „Freude am Unvollkommenen“.

Das Konzept von Wabi-Sabi, der japanischen Kunst, die Schönheit in der natürlich unvollkommenen Welt zu schätzen, ist sehr breit und es ist fast unmöglich, die Tiefe dieser Lebensphilosophie in nur einem Kapitel zu umfassen. Nichtsdestotrotz kann es einfach auf Momente des Alltags angewendet werden.

Das stetige Streben nach Perfektion, nach Besitztümern, Beziehungen und Erfolg führt oft zu Stress, Angst, Depression und überhasteten Urteilen. Wabi-Sabi lädt Sie zu einer Pause ein. Die japanische Philosophie ermutigt uns, die schönen Momente im Leben wertzuschätzen und die weniger angenehmen zu akzeptieren. Dabei werden beide gefeiert.

Wabi-Sabi begrüßt Authentizität und ist *„eine Lebensweise, die Komplexität schätzt und akzeptiert und gleichzeitig Einfachheit schätzt“*, wie Richard Powell in seinem Buch

Wabi-Sabi Simple schreibt. Er sagt, es erkennt drei einfache Realitäten an:

"Nichts hält an, nichts ist fertig und nichts ist perfekt."

In der Zen-Philosophie gibt es sieben Prinzipien, um Wabi-Sabi zu erreichen:

- Kanso - Einfachheit
- Fukinsei - Unregelmäßigkeit
- Shibumi - Schönheit in der Untertreibung
- Shizen - Natürlichkeit
- Yugen - subtile Anmut
- Datsuzoku - Freiheit
- Seijaku - Ruhe

Die zeitlose Weisheit des Wabi-Sabi ist in unserem modernen westlichen Leben zunehmend relevant, da wir immer mehr nach dem Sinn jenseits von Besitztümern und Erfolg suchen.

Wie auch Kintsugi hat Wabi-Sabi seine Wurzeln in der traditionellen japanischen Teezeremonie. Fehler in zerbrochenem Geschirr werden bei Wabi-Sabi ebenfalls nicht vertuscht, sondern sogar hervorgehoben. Die Risse in dem Gegenstand sind keine Makel, sondern eine Schönheit. Unvollkommenheiten sind notwendig, um das Objekt und die Welt vollständig zu verstehen. Dies lässt sich hervorragend auf den Menschen übertragen.

Wabi-Sabi in verschiedenen Alltagssituationen

Beim Essen

Die Wabi-Sabi-Prinzipien legen nahe, dass unser Essen natürlich, einfach, kreativ und intuitiv zubereitet werden soll. Das kann beispielsweise bedeuten, zu improvisieren, wenn Sie Basilikum statt Estragon haben. Es wird möglicherweise nicht perfekt nach dem Rezept gekocht sein, doch geht es darum, das Essen zu genießen. Obst und Gemüse aus dem eigenen Garten oder vom Bauernmarkt sind ein elementarer Ausdruck von Wabi-Sabi. Dabei spielt es keine Rolle, ob die Formen und Farben perfekt sind, wie die frischen Lebensmittel aus dem Supermarkt.

Schmecken Sie nicht nur die Aromen, sondern atmen Sie den Geruch ein, hören Sie die Geräusche, die Ihr Essen macht, fühlen Sie die Beschaffenheit (nass, zäh, knusprig) in Ihrem Mund. Wählen Sie Gerichte, Besteck und Kochutensilien mit Ausdruck und Textur, um das sensorische Erlebnis der Mahlzeiten zu vertiefen.

In Beziehungen

Als die Samurai ein Teehaus betraten, legten sie ihre Schwerter ab und alle Konflikte beiseite. In ähnlicher Weise ist eine Wabi-Sabi-Beziehung eine, in der Sie sich so akzeptieren, wie Sie sind - unvollkommen, unvollendet und sterblich.

Versuchen Sie, Erwartungen und Vorurteile zu vermeiden, und konzentrieren Sie sich auf die Empfindungen der anderen Person. Wenn Sie die Fehler eines anderen akzeptieren, anstatt sie als zu reparierendes Projekt zu übernehmen, haben Sie die Zeit und emotionale Energie, diesen Menschen wirklich kennenzulernen.

Bei der Schönheit

Die Schönheit der Jugend wird fast überall verehrt, jedoch ist die Veränderung die einzige Konstante in unserem Leben. Zur Pflege des Wabi-Sabi gehört, den Alterungsprozess nicht nur anzunehmen, sondern ihn auch zu schätzen. Es ist unrealistisch, unsere festverankerte Vorliebe für glatte Haut und straffe Körper zu ändern, aber es ist möglich, unsere Perspektive zu erweitern und sich neuen Arten von Schönheit zu öffnen.

Unsere Geschichten liegen in der Unvollkommenheit. Sei es eine Narbe, die wir von einem Hobby haben, das wir lieben, die abgebrochenen zerzausten Haare und der Dreck nach ausgiebigem Tollen mit dem geliebten Hund.

Bei Wabi-Sabi-Schönheit geht es nicht darum, auf die Selbstpflege zu verzichten, sondern Ihren Körper zu verwöhnen, ohne ihn Schönheitsidealen zu unterwerfen. Wahre Schönheit im Wabi-Sabi-Sinne bedeutet, auf sich selbst zu achten, ohne sich äußerlich unnatürlich zu verändern. Wenn wir aufhören, Zeit damit zu verbringen, jede Sommersprosse oder jedes graue Haar zu verdecken, können wir uns intensiver damit beschäftigen, was uns wirklich ausmacht.

Bei der Arbeit

Auf dem ersten Blick scheint Ihr Arbeitsplatz nicht der richtige Ort zu sein, um Wabi-Sabi anwenden zu können. Dort dominiert üblicherweise Perfektionismus und Schwächen werden negativ ausgelegt. Jedoch ist es möglich, dass Sie bei der Arbeit dafür geschätzt werden, wer Sie wirklich sind. Wenn Sie Ihre Worte und Handlungen nach Ihren Werten ausrichten und Ihr wahres Ich widerspiegeln, wirken Sie authentisch. Dies kann dazu beitragen, Machtkämpfe am Arbeitsplatz zu beseitigen.

Heben Sie hervor, was Sie als Person auszeichnet. Werden Sie sich bewusst, was Sie im Beruf erreichen möchten und warum. Wer sagt, dass Sie in Ihrer momentanen Position nicht zufrieden sein können, ohne aufsteigen zu wollen?

Haben Sie den Mut, Ihre Unvollkommenheiten zu schätzen und somit das Beste aus Ihrem Leben zu machen. Fürchten Sie keine Herausforderung und seien Sie dazu bereit, die Dinge so zu nehmen, wie sie sind. Mit Wabi-Sabi werden Sie langsamer, finden sie das Gleichgewicht von Tun und Sein, akzeptieren Sie sich selbst und schätzen das, was Sie in Ihrem Leben haben - in all seiner Unvollkommenheit.

Mit dieser Lebensphilosophie wie auch mit dem Ikigai erlangen Sie ein Leben in Ruhe, Harmonie, Schönheit und Unvollkommenheit. Ihre allgemeine Widerstandsfähigkeit gegenüber schwierigen Herausforderungen und Problemen wird gestärkt. Sie werden dankbarer, machen das, was Sie tun mit Freude und Sinn. Wabi-Sabi gibt Ihnen die Erlaubnis, so zu sein, wie Sie sind.

Auf den nächsten Seiten folgt ein Workbook mit vielen Fragen und Übungen, die Ihnen dabei helfen, Ihr Ikigai zu finden. Falls Sie dieses Werk als ebook lesen oder die Antworten nicht in dieses Buch schreiben wollen, können Sie sich die PDF-Datei des Workbooks herunterladen und ausdrucken.

Gehen Sie dafür einfach auf die folgende Webseite und geben diesen Code ein: **erfülltleben**

www.akiofischer.de/workbook

Sie müssen dafür natürlich keine e-mail-Adresse angeben. Wenn Sie sich dennoch für meinen Newsletter eintragen wollen, erhalten Sie Mehrwert rund um das Thema „erfüllter leben“ und Informationen zu kommenden Werken.

Kapitel 8: Workbook - die mächtigsten Übungen, um Ihren persönlichen Lebenssinn zu finden

Regeln für das Workbook

Bei den folgenden Übungen gibt es keine richtigen oder falschen Antworten, denn nur Ihre Persönlichkeit und Ihr individueller Weg zählt. Denken Sie nicht viel über Ihre Beantwortung nach, sondern antworten Sie so intuitiv wie möglich. Schreiben Sie nieder, was Ihnen gerade in den Kopf kommt, ohne dies erst einmal zu hinterfragen oder zu analysieren.

Schreiben Sie Ihre Antworten nur in Stichpunkten auf, keinen Roman, um so viele Gedanken wie möglich auf Papier bringen zu können.

Bei diesen Übungen handelt es sich um keinen Test, somit gibt es keinen Druck und Sie können auch nichts falsch machen. Entspannen Sie sich und genießen Sie die Aufgaben.

Es kann vorkommen, dass Sie für verschiedene Fragen die gleichen Antworten haben. Dies ist gewollt, denn es geht genau um diese Wiederholungen und Schnittmengen.

Seien Sie bei den Übungen vollkommen ehrlich und antworten Sie aus dem Bauch heraus, nicht, wie Sie denken, dass es „sein sollte“. Manchen Antworten werden Ihnen nicht gefallen, aber genau darum geht es.

Es gibt kein Zeitlimit für die Übungen. Gehen Sie mit der Geschwindigkeit vor, die für Sie angenehm ist. Grundsätzlich gilt hier sogar, je langsamer oder länger, desto besser, um das Erlebnis zu intensivieren.

Entspannungsübung

- Setzen Sie sich auf einen Stuhl oder legen Sie sich auf den Boden. Wichtig bei dieser Übung ist, dass Sie bequem sind. Lockern Sie Ihre Schultern und legen Sie Ihre Hände auf den Bauch.

- Atmen Sie nun durch die Nase tief und langsam ein und spüren Sie dabei in Ihren Bauch, der sich hebt. Atmen Sie durch den Mund wieder aus und konzentrieren Sie sich auf Ihren Bauch, der sich dabei senkt. Wiederholen Sie dies dreimal.

- Sagen Sie sich nun laut oder in Gedanken: „Ich lasse jetzt los.“, um negativen Ballast und Alltagsstress abzuwerfen. Wiederholen Sie die Atemübungen und die Worte einige Male, bis Sie die eintretende Entspannung deutlich spüren können. Zum Abschluss der Übung lächeln Sie aus vollem Herzen.

Vergessene Freuden

Die folgenden Fragen können Sie bei der Suche nach Ihrem Ikigai unterstützen.

- Begeben Sie sich in eine bequeme Position und führen Sie die Entspannungsübung aus. Schließen Sie mit dem Lächeln ab.

- Welche Lieblingsbeschäftigungen hatten Sie als Kind?
  Gehen Sie tief in diese hinein und versuchen Sie herauszufinden, warum sie so schön für Sie waren. Versuchen Sie, das Gefühl zu greifen, das Sie als Kind hatten.

- Stellen Sie sich nun die gleiche Frage, nur dieses Mal als Jugendlicher. Warum machten Sie diese Beschäftigungen so glücklich?

____
____
____
____
____
____
____
____

- Abschließend notieren Sie, welche Lieblingsbeschäftigungen Sie als junger Erwachsener hatten und warum.

____
____
____
____
____
____
____
____

- Betrachten Sie nun Ihre Antworten aus den drei Bereichen. Welche dieser Tätigkeiten machen Sie noch heute? Warum haben Dinge, die für Sie in der Vergangenheit so wichtig und schön waren, jetzt keine Bedeutung mehr? Könnten Sie sich vorstellen, dass sie Ihnen noch genauso viel Spaß machen würden wie damals? Was hat sich geändert, dass Sie diesen Hobbys nicht mehr nachgehen? Was können Sie aus dieser Übung ableiten?

Wovon träumen Sie?

Unsere tiefsten Sehnsüchte und Träume passen meist gar nicht in unsere hektische und materielle Welt. Sie werden als Spinnereien abgetan, da sie nicht der gesellschaftlichen Norm entsprechen. Doch diese Wünsche und Träume können Ihnen Aufschluss darüber geben, wo Ihre Talente liegen.

Führen Sie die folgende Übung spielerisch durch, nehmen Sie sie nicht allzu ernst, lassen Sie Ihrer Fantasie freien Lauf. Es gibt niemanden, der über Sie urteilt oder Sie auslacht. Sie müssen bei dieser Übung nicht realistisch sein.

- Begeben Sie sich wieder in eine bequeme, entspannte Position und führen Sie die Entspannungsübung durch.

- Vervollständigen Sie nun diese Sätze:

  - Als Kind träumte ich davon ...

____

____

____

____

____

____

- Ich träumte in meiner Jugend davon ...

- Als junger Erwachsener war mein Traum …

- Jetzt träume ich von ...

- Denken Sie nun darüber nach, welche dieser Träume in den verschiedenen Zeitabschnitten am intensivsten waren. Zu welchen hatten Sie damals mehr Zugang und zu welchen weniger?

- Lesen Sie Ihre Notizen durch und streichen Sie die Träume, die bereits erfüllt wurden oder die für Sie heute nicht mehr relevant sind.

- Bleiben Träume übrig, die auch heute noch wichtig für Sie sind, markieren Sie diese.

- Lesen Sie diese aktuellen Wünsche noch einmal gut durch. Wären Sie bereit, Opfer zu bringen, um diese zu realisieren? Wenn Sie sich vorstellen, Sie würden diesen Traum leben, welcher von ihnen weckt besonders positive Gefühle in Ihnen? Warum begeistert Sie diese Vorstellung so sehr?

____

____

____

____

____

Legen Sie ruhig eine Pause ein, denn intensives Nachdenken über wichtige Themen wie diese können anstrengend sein. Sie können Ihre Fragen auch ein paar Tage ruhen lassen und Sie später noch einmal lesen und beantworten. Es gibt kein Zeitlimit. Sie alleine bestimmen die Geschwindigkeit dieser Übungen.

Versteckte Pläne

Diese Übung ist wieder etwas rationaler. Stellen Sie sich die Frage, was Sie in diesem Jahr erreichen möchten. Schreiben Sie mindestens drei Punkte auf, jedoch nicht mehr als fünf. Danach machen Sie sich Gedanken darüber, warum Sie diese Ziele erreichen möchten. Schreiben Sie auch die Gründe dafür nieder.

Fragen Sie sich nun, was Sie tun würden, wenn Sie sicher wüssten, dass diese Vorhaben gelingen werden. Würden Sie in diesem Fall zurückgehen und die Punkte der ersten Frage ändern? Warum haben Sie sie nicht sofort notiert? Haben Sie Angst zu scheitern?

Schreiben Sie nun die Punkte nieder, die Sie gerne in diesem Jahr umsetzen würden, wenn Sie sicher wüssten, dass die Umsetzung gelingen wird.

Versuchen Sie, durch diese Übung Klarheit zu gewinnen:

- Sind meine Ziele wichtig?

- Warum möchte ich dieses Projekt abschließen?

- Warum habe ich Angst, bei bestimmten Dingen zu versagen?

- Was könnte passieren, wenn ich ein Ziel nicht erreiche?

- Was könnte ich versäumen, wenn ich es erst gar nicht versuche?

____

____

____

Imaginationsreise

Diese Aufgabe ist wieder eine Imaginationsübung, eine „Was wäre, wenn ...“- Übung.

- Sie begeben sich wieder in eine bequeme Situation und führen die Entspannungsübung durch.
- Zeit zu träumen: „Wenn ich heute einen Tag frei zur Verfügung hätte, dann würde ich ...“
- In Ihrer Vorstellung gibt es keinerlei Verpflichtungen. Keine Kinder, keine Arbeit, nicht mal der Hund muss Gassi gehen (Es sei denn, Sie möchten das).
- Schreiben Sie alle Gedanken auf, die Ihnen spontan in den Sinn kommen. Dabei dürfen Sie keine Dinge tun, die unangenehm sind oder eine Verpflichtung darstellen. Bei allen anderen Punkten bleiben Sie jedoch realistisch.

____

____

- „Wenn ich eine Woche ganz für mich frei zur Verfügung hätte, würde ich ..." Schreiben Sie auf, was Sie gerne in einer Woche tun würden, ganz ohne Verpflichtungen.

- „Mit 500 Euro würde ich ..., da ..." Sie dürfen das Geld allerdings nicht verwenden, um Rechnungen zu bezahlen. Schreiben Sie auf, was Sie damit tun würden und warum.

- „Mit einer Million Euro würde ich ..., weil ...“ Voraussetzung: Sie dürfen damit keine Schulden bezahlen und das Geld auch nicht auf die Bank bringen oder es anderweitig anlegen. Stellen Sie sich vor, Sie haben nur einen Monat Zeit, es auszugeben. Was würden Sie damit tun und warum?

- „Wenn morgen die Welt enden würde, würde ich heute ...“ Dies ist keine einfache Frage. Führen Sie gerne vor der Beantwortung noch einmal die Entspannungsübung durch und sammeln Sie sich, bevor Sie die Antwort niederschreiben.

- Gehen Sie zum Abschluss noch einmal alle Antworten durch und markieren Sie Schlüsselbegriffe. Welche wiederholen sich oder haben eine besondere Bedeutung für Sie?

____

____

____

Reise in die Vergangenheit

In dieser Übung geht es um Erlebnisse in der Vergangenheit, die Sie gefühlsmäßig besonders stark bewegt haben. Dabei ist es nicht wichtig, warum diese Situation so emotional für Sie war, sondern sie sagt viel über Ihr tiefstes Selbst aus.

Mit den folgenden Fragen können Sie wichtige Leitkonzepte und Lebenswerte für sich selbst finden. Dabei kann es sich sowohl um positive als auch negative Erinnerungen handeln.

- Welche Ereignisse haben Sie besonders berührt?
- Woran haben Sie eine besonders intensive Erinnerung, bei der Sie noch heute alles fast so fühlen können, als wären Sie weiterhin in diesem Moment?
- Achten Sie dabei auf Schlüsselmomente, -gedanken und -wörter, die Sie niederschreiben.

- Fassen Sie die Themen dieser Erlebnisse zusammen.
- Welche Handlungen und Werte liegen ihnen zugrunde?
- Was fühlte sich gut an? Was schlimm?
- Gibt es einen roten Faden?

Bei dieser Übung gibt es kein Ergebnis oder einen Ratgeber, was Sie mit den Antworten tun sollten. Sie können jedoch feststellen, in welchen Bereichen Sie zu besonders starken Emotionen tendieren und somit ein besseres Selbstbild erhalten.

Zeit richtig investieren

Wie viel Zeit verbringen Sie mit Dingen, die Sie erfüllen und wie viel mit mühsamen Tätigkeiten? Wie oft sind Sie unter Menschen, die Ihnen wirklich etwas bedeuten und wie oft mit anderen, die Sie als anstrengend empfinden?

- Unterteilen Sie ein Blatt in sieben Spalten. Jede Kolumne steht für einen Wochentag.
- Versuchen Sie, jeden Tag der vergangenen Woche Stunde für Stunde durchzugehen. Wen haben Sie getroffen? Was haben Sie getan? Nehmen Sie zwei verschiedene Farben, während beispielsweise grün positiv bedeutet und rot negativ. Markieren Sie nun aus dem Bauch heraus die Personen oder Tätigkeiten mit der entsprechenden Farbe. Wen oder was haben Sie als positiv empfunden, was negativ?
- Betrachten Sie Ihre Woche. Welche Farbe überwiegt oder gleichen sich die Farben aus? Überrascht Sie das Ergebnis vielleicht sogar?

Durch diese Übung sollte Ihnen bewusst werden, wie viel Zeit Sie in Dinge, Tätigkeiten oder Personen investieren, die Sie als negativ empfinden. Sie rauben Ihnen Kraft und hindern Sie daran, das Leben positiv wahrzunehmen. Können Sie sogar einen roten Faden in dem Bild erkennen?

Empfinden Sie alles negativ rund um eine bestimmte Person oder Tätigkeit?

Weitere Fragen, die zu Ihrem Ikigai führen

Stellen Sie sich die folgenden Fragen für die Suche nach Ihrem Ikigai. Lassen Sie sich dabei so viel Zeit wie Sie möchten und beantworten Sie immer nur so viele, wie es gerade passt. Schreiben Sie Ihre Antworten auf.

Verbindung & Harmonie

- Mit wem haben Sie harmonische Beziehungen?

____

____

____

- Wie können Sie Ihre Beziehungen zu den Menschen verbessern, die Sie definieren?

____

____

____

____

Kreativität & Transformation

- Was wollten Sie schon immer mal ausprobieren?
- Was hindert Sie daran?

- Wie können Sie sich kreativ ausdrücken?

Zweck & Dankbarkeit

- Für wen und wofür sind Sie dankbar?

- Was gibt Ihnen einen Sinn und Zweck?

- Wem können Sie behilflich sein?

- Wann leben Sie Ihre Werte?

Lebenszufriedenheit

- Was macht Sie im Leben Zufrieden?

- Welche Werte können Sie in Ihrer Arbeit oder durch Ihre Hobbys ausdrücken?

- Welche Rolle macht Ihr Leben lebenswert?

Das Venn-Diagramm:

Wenn Sie den Begriff Ikigai googeln, stoßen Sie schnell auf das Venn-Diagramm, das im Zentrum das Ikigai zeigt. Das Venn-Diagramm ist jedoch *nicht* Ikigai. Es stellt nicht das dar, was Ikigai für die Japaner bedeutet.

Dieses Modell ist eine Interpretation von Ikigai eines Bloggers. Laut seinen Aussagen führte er zwei Konzepte zusammen: ein Venn-Diagramm und das Ikigai-Konzept. Das Ergebnis ist das Venn-Diagramm mit dem Wort IKIGAI als Herzstück anstelle von PURPOSE, was man ins deutsche sinngemäß als BESTIMMUNG übersetzen kann.

Ikigai hat jedoch mit dem Venn-Diagramm nichts zu tun. Die Japaner würden Ikigai nicht mit Geldverdienen oder beruflichen Erfolg in Verbindung bringen. Es könnte ein Nebenprodukt des Ikigai sein, jedoch steht es nicht im Mittelpunkt.

Bei Ikigai geht es auch nicht darum, was Sie können. Sie müssen keinerlei Begabungen oder Talente haben, um Ihr Ikigai zu finden. Es geht um persönliches Wachstum, die Gemeinschaft, Familie und Freundschaften, die uns erfüllen. Es dreht sich oft nicht darum, was Sie lieben, sondern einen Sinn darin zu finden, was Sie tun.

Allerdings eignet sich das Venn-Diagramm dazu, Ihre Bestimmung zu finden und vielleicht Ihre Karriere neu zu bewerten. Es dient als eine vereinfachte Übersicht, durch die Sie Ihre aktuelle Situation verstehen können. Karriereberater verwenden es des Öfteren als Hilfe für Menschen, die eine ausgewogene Work-Life-Situation schaffen möchten.

Vielleicht haben Sie sich in Ihrem Leben schon einmal die Frage gestellt, ob Sie glücklich in Ihrem Beruf sind und Sie wünschen eine Veränderung. Doch so leicht ist es bekannter weise nicht. Eignet sich für Sie besser eine Selbstständigkeit oder ein Angestelltenverhältnis? Fühlen Sie sich zufriedener in einem kleinen Unternehmen oder Großkonzern? Bevorzugen Sie Teamarbeit oder arbeiten Sie lieber alleine? Welche Optionen haben Sie?

Das Venn-Diagramm kann Ihnen bei der Suche nach einer Richtung behilflich sein. Es betrachtet die folgenden Faktoren:

- Was lieben Sie?

- Was können Sie gut?

- Wofür können Sie bezahlt werden?

- Was braucht die Welt?

Die Schnittmenge dieser vier Aspekte beschreibt Ihre Bestimmung. Fehlt einer dieser Punkte, fühlen Sie sich frustriert, leer, unsicher oder Sie sind zufrieden, haben aber nicht die ausreichenden finanziellen Mittel, um Ihr Leben zu unterhalten.
Schreiben Sie die Antworten aus dem Bauch heraus in Stichpunkten auf. Wiederholungen sind erwünscht, denn Sie werden dadurch die Gewichtung mancher Aspekte erkennen können.

Aspekt 1: Was lieben Sie?

1. Was treibt Sie an?

____

____

____

____

____

2. Was geht Ihnen leicht von der Hand?

____

____

____

3. Wobei vergessen Sie die Zeit und die Welt um sich herum?

____

____

____

4. Worüber sprechen Sie leidenschaftlich gerne?

____

____

____

5. Angenommen, Sie wären finanziell abgesichert und ein Scheitern ist unmöglich. Was würden Sie tun?

____

____

____

____

Aspekt 2: Was können Sie gut?

6. Wie werden Sie von anderen wahrgenommen?

____

____

____

7. Wofür bekommen Sie häufig Anerkennung?

____

____

____

8. Worin sind Sie besonders gut?

____

____

____

9. Haben Sie ein spezielles Wissen, das nicht viele haben?

____

____

____

10. Welche Ausbildung haben Sie?

11. Welche Herausforderungen haben Sie in der Vergangenheit bereits bewältigen können?

12. Welche praktischen Fähigkeiten haben Sie?

13. Welche sozialen Fähigkeiten haben Sie?

14. Haben Sie andere, ungewöhnliche Fähigkeiten?

Aspekt 3: Wofür können Sie bezahlt werden

15. Was macht Sie unbezahlbar?

____

____

____

16. Welches Problem können Sie lösen, dass anderen schwer fällt?

____

____

____

17. Wie können Sie anderen helfen?

____

____

____

18. Welche Erfolge machen Sie glücklich?

____

____

____

19. Womit verdienen andere Menschen ihr Geld, die Ihnen ähnlich sind?

Aspekt 4: Was braucht die Welt?

20. Was wünschen Sie sich für Ihre Mitmenschen?

21. Welche Eigenschaft sollte Ihrer Meinung nach jeder haben?

22. Was schätzen Sie an Ihrer direkten Umgebung / Gesellschaft?

23. Was braucht die Welt Ihrer Meinung nach?

____

____

____

Lesen Sie sich Ihre Stichpunkte durch, fassen Sie die Passenden und sich Wiederholenden zusammen und beantworten damit die 4 Hauptfragen:

Was lieben Sie?

____

____

____

____

____

____

Was können Sie gut?

____

____

____

____

____

Wofür können Sie bezahlt werden?

Was braucht die Welt?

Nachdem Sie die Fragen beantwortet haben, geht es darum, die Schnittpunkte darin zu finden. Konzentrieren Sie sich auf die Punkte, die in den beiden Aspekten vorkommen.

- Was lieben Sie und was können Sie gut?

- Was lieben Sie und was braucht die Welt?

- Was braucht die Welt und wofür können Sie bezahlt werden?

____

____

____

Ihre Bestimmung

Was sind die gemeinsamen Komponenten aus allen vier Bereichen?

____

____

____

____

____

Angst und überwältigt sein

Es kann sehr überwältigend sein zu versuchen, sein bestes Leben zu leben. Viele Ängste halten uns davor zurück, das zu tun, was uns glücklich macht. Wir reden uns ein, was wir können und was nicht. Die folgenden Übungen werden diese Ängste aufzeigen, um Ihnen den Schrecken nehmen zu können.

Schreiben Sie wieder in Stichpunkten und aus dem Bauch heraus die Antworten zu den folgenden Fragen nieder.

- Was überwältigt Sie, wenn Sie an Ihre Bestimmung denken?

____

____

____

- Was macht es so überwältigend?

____

____

____

- Wie trägt dies zu Ihrem Selbstvertrauen bei?

____

____

____

Denken Sie jetzt über Ihre Ängste nach, wenn es darum geht, Ihren Lebenszweck zu erreichen. Was reden Sie sich ein? Was hält Sie zurück?

- Wovor haben Sie oder was macht Ihnen Angst?

____

____

____

- Aus welchen Gründen haben Sie Angst?

____

____

____

- Inwiefern hält diese Angst Sie zurück? Was brauchen Sie, um vorwärtszukommen?

____

____

____

Der Unterschied zwischen dem, wo wir sind und wohin wir wollen, ist das, was wir tun. Es ist die eine Sache, den Sinn unseres Lebens zu entdecken und eine andere, dorthin zu gelangen und ihn zu verwirklichen. Wo möchten Sie im nächsten Jahr sein?

- Wo möchten Sie in einem Jahr sein?

____

____

____

____

- Worauf können Sie sich jeden Monat konzentrieren, um Ihrem Ziel näher zu kommen? Schreiben Sie mindestens einen Punkt pro Monat auf.

Und als abschließende Frage: Was können Sie heute tun, um Ihrer Bestimmung näher zu kommen?

Kapitel 9:
Wie Sie in 4 Schritten innere Blockaden lösen und Selbstzweifel verstummen lassen

Jeder Mensch hat gewisse Blockaden in sich. Nur die einen überwinden sie schneller, die anderen brauchen länger oder stellen sich ihnen nie. Viele dieser Blockaden sind zudem auch unterbewusst und wir können sie nicht sehen. Sie entstehen dadurch, dass wir uns einreden, etwas nicht zu können oder weil wir Angst vor etwas haben. Wie können Sie also diese Blockaden erkennen und lösen?

1. Schritt: Erkennen, dass alles, was wir glauben, nur eine Geschichte ist

Wir nehmen die Welt über unsere fünf Sinne wahr: sehen, riechen, schmecken, hören und fühlen. Dabei strömen jede Sekunde Millionen von Informationen auf uns ein. Unser Gehirn ist jedoch nicht in der Lage, alle auf einmal aufzunehmen. Lediglich 200 dieser Mitteilungen kommen bei uns an. Diese wiederum werden dadurch gefiltert, was wir glauben, erwarten und welche Vorstellungen man hat. Erst dann entscheidet das Gehirn, welche Informationen wichtig sind und welche nicht.

Ein sehr anschauliches Beispiel dieser Gehirnfunktion: Während Sie diesen Satz lesen, können Sie Ihre Oberschenkel auf dem Stuhl nicht fühlen. Doch nachdem Sie ihn erfasst haben, spüren Sie sie plötzlich. Ihr Gehirn entscheidet, was gerade wichtig ist und was nicht. Erst wenn Sie davon lesen, werden Sie sich Ihrer Oberschenkel wieder bewusst.

Die Millionen von Informationen werden also durch unsere Sinne, unser Gehirn und unsere eigene Einstellung gefiltert. Diese Veranschaulichung zeigt, dass das, was Sie als Ihre reale Wahrnehmung bezeichnen, lediglich Ihre persönliche Geschichte ist und eine absolut andere sein kann wie die eines Menschen, der in der exakt gleichen Situation ist. Man kann dies gut bei Zeugenaussagen beobachten, wenn jeder einzelne Zeuge ganz unterschiedliche Dinge gesehen hat.

Wir nehmen lediglich ein kleines, interpretiertes Fragment wahr, das dann im Gehirn abgespeichert und somit zur Vergangenheit wird. Diese hinter uns liegenden Erlebnisse interpretieren wir immer wieder neu; die Geschichte bleibt nicht gleich.

Ein Beispiel:

Sie hatten mit einem Freund ein Treffen abgemacht, doch dieser bleibt fern und meldet sich auch nicht. Nach langem Warten geben Sie verärgert auf. Ein paar Tage später erhalten Sie einen Anruf von ihm, seine Mutter sei gestorben. Sofort beginnt Ihr Gehirn damit, diese

vergangene gespeicherte Information neu zu bewerten und zu interpretieren. Ihre Gefühle zu der Situation ändern sich und Sie sehen alles aus einem ganz anderen Blickwinkel.
Unsere Vergangenheit ist somit keine Realität, sie ist lediglich eine Interpretation eines Erlebnisses, eine Geschichte, wie wir sie wahrgenommen haben. Diese kann sich anhand neuer Informationen nachträglich ändern. Somit haben wir die Möglichkeit, Geschehnisse zu ändern, indem wir sie aus einem anderen Winkel sehen. Anstatt sich die gleiche Geschichte immer und immer wieder zu erzählen, bis wir glauben, dass sie wirklich so geschehen ist, sollten wir uns darüber im Klaren werden, dass es sich nicht um die Realität handelt, sondern nur um ein von uns interpretiertes Erlebnis.
Um von vergangenen Erlebnissen nicht gebremst zu werden, sollten Sie sich darauf konzentrieren, welche Geschehnisse Sie neu schreiben möchten. Je positiver Sie selbst schwierige Situationen betrachten, umso besser wird die Geschichte sein, die Sie als Vergangenheit abspeichern.

2. Schritt: Sich nicht mit den inneren Blockaden identifizieren

Blockaden fühlen sich oft familiär an und sie begleiten uns fast ein Leben lang. Wir reden sie uns immer und immer wieder ein, so lange, bis wir uns mit ihnen identifizieren. Sie werden ein Teil unseres Selbst wie der Finger unserer Hand. Damit fällt es immer schwerer, sie loszulassen und

zu überwinden. Sie dienen uns als Schutz vor etwas, das wir nicht tun möchten, als Ausrede.
Blockaden existieren nur in unserem Kopf, sie sind nicht real. Sie sind ein Produkt von dem, was wir uns einreden. Sie sind Denkgewohnheiten, Verhaltensweisen und im Laufe der Zeit können sie sogar zu körperlichen Symptomen werden, die wir uns unterbewusst angeeignet haben.
Um diese Blockaden lösen zu können, müssen Sie aufhören, sie zu einem Teil von sich selbst zu machen. Es ist sehr einfach zu sagen, sie sind nun mal da. Doch das Lösen von Blockaden ist oft gar nicht so schwer. Ein Weg ist, auf die eigene Sprache zu achten, wie Sie mit sich selbst sprechen. Ein Beispiel: Sie sagen sich: „Ich bin unattraktiv". Formulieren Sie diese Aussage um in: „Ich fühle mich heute unattraktiv". Wenn Sie sich selbst die erste Aussage einreden, ist sie permanent. Sie sind und bleiben unattraktiv. Bei der zweiten Aussage umschreiben Sie ein Gefühl, das Sie im Moment empfinden. Es ist zeitlich begrenzt. Anstatt zu sagen: „Ich kann das nicht", formulieren sie es in „Ich kann das *noch* nicht" um. Sie haben die Möglichkeit, es zu lernen oder zu trainieren, und letztendlich werden Sie es auch schaffen!

3. Schritt: Vermeidungsstrategien erkennen

Um eine Blockade überwinden zu können, müssen Sie sich ihr stellen. Sie haben im Laufe der Zeit gelernt, diese

Situationen zu vermeiden. Sicherlich geschieht dies nicht immer bewusst. Es ist richtig, dass sich manche Blockaden von selbst lösen, wenn man das tut, was man liebt oder in dem man einen Sinn sehen kann.
Doch die Dinge, vor denen man Angst hat, versucht man zu vermeiden. Sie müssen sich den Herausforderungen jedoch stellen, um vorwärtszukommen. Warten Sie nicht darauf, dass sich Ihre Blockaden von ganz alleine auflösen. Dies wird nicht geschehen, ohne dass Sie aktiv dazu beitragen. Stellen Sie sich ihnen und rennen Sie nicht davor weg. Oft sind die Situationen nicht so schlimm, wie wir sie uns ausmalen. Wir haben uns lediglich über Monate oder gar Jahre eingeredet, wie angsteinflößend sie sind.

4. Schritt: Ausreden erkennen

Das Problem beim Erkennen von Vermeidungsstrategien und Ausreden ist, dass viele unserer Blockaden unterbewusst sind. Sie sind ein Teil von uns geworden, den wir nicht mehr wahrnehmen, der gefühlt schon immer da war. Manche Menschen haben Angst davor, Verpflichtung zu übernehmen oder zu versagen. Somit sabotieren Sie sogar die eigenen Beziehungen oder die Arbeit, um sich dieser Verantwortung erst gar nicht stellen zu müssen. Entscheidungen werden vor sich hergeschoben und Situationen vermieden.
Je länger man diese Ängste jedoch akzeptiert und nichts dagegen unternimmt, desto schlimmer werden sie in

unserem Kopf. Sie müssen dabei erkennen, dass es sich nicht um die Realität handelt.

Die Lösung ist Akzeptanz. Nehmen Sie an, dass Sie nicht perfekt sind, dass Sie sich vor etwas fürchten, nicht alles wissen und manchmal unsicher sind. Indem Sie sich diese Ängste eingestehen, können Sie die Ausreden erkennen, die Sie unterbewusst nutzen, um sich dann den Ängsten zu stellen.

Kapitel 10:
9 Wege, um in den Flow zu kommen und so das persönliche Ikigai in der westlichen Kultur umzusetzen

Der Strom des Lebens ist wie ein Fluss, in dem wir treiben. Wir haben die Möglichkeit, gegen den Strom zu schwimmen oder uns von ihm treiben zu lassen. Das Schwimmen gegen den Fluss benötigt allerdings sehr viel Energie und Zeit und erzeugt nicht selten unnötiges Leid. Lassen wir uns dagegen treiben, fließen mit ihm, bewerkstelligen wir unser Ziel schneller und leichter. Der Lebensstrom erreicht immer den Bestimmungsort, der bewältigt werden soll, wir müssen ihm nur vertrauen. Jedoch ist es so, dass die meisten dazu tendieren, gegen diesen Fluss schwimmen zu wollen. In unserer Gesellschaft bedeutet dies, aktiv am Leben teilzunehmen, während die Menschen, die sich treiben lassen, als faul und passiv gelten. Wir werden darauf trainiert, dass wir nur durch Widerstand erfolgreich sein können.

Zwar ist es richtig, dass Ziele nur durch harte Arbeit erreicht werden können, was jedoch nicht heißt, gegen den Strom zu schwimmen. Man sollte nicht dagegen arbeiten, sondern mit ihm. Die harte Arbeit, die gemacht werden muss, ist, seine inneren Blockaden zu lösen, nicht mit sich selbst zu kämpfen, sondern der eigenen Intuition zu vertrauen.

Stellen Sie sich vor, Sie sitzen in einem Boot und Ihre unterschiedlichen Persönlichkeitsaspekte stellen eine Mannschaft dar, wovon jeder ein Paddel mit sich führt. Manche paddeln mit dem Strom, andere entgegen, wenige lassen sich treiben. Wenn das Leben zu schnell wird, paddeln manche dagegen, um zu bremsen. Diese Aspekte hemmen Sie auf Ihrem Lebensweg und Sie spüren beim Vorwärtskommen den Widerstand in sich. Das Ziel ist, diese verschiedenen Persönlichkeitsaspekte in Einklang zu bringen, den Geist in eine Richtung zu lenken und sich voll und ganz auf das Ziel zu konzentrieren.

Mit dem natürlichen Strom des Lebens zu driften bedeutet, unnötigen Widerstand abzustellen um schneller und einfacher voranzukommen. Damit ist nicht der Mainstream gemeint, der Fluss, in dem alle schwimmen. Indem jeder das tut, was von ihm erwartet wird und weil jeder es macht. Es geht um den Strom des Lebens, den Weg unserer inneren Natur.

Wenn Sie es schaffen, sich mit Ihrer inneren Quelle zu verbinden und dem Fluss des Lebens zu vertrauen, dass er Sie an das richtige Ziel bringen wird, wenn Sie Blockaden loslassen können, spüren Sie in Ihrer Lebensreise keinen Widerstand mehr und finden Ihren Flow - Ihr Ikigai.

Wenn Sie etwas anpflanzen, geben Sie ein Saatkorn in die Erde, wässern, düngen und pflegen Sie es und vertrauen der Natur, dass diese den Rest erledigt und die Pflanze von alleine wächst. Sie werden den Samen nicht nach ein paar Tagen ausgraben, um nachzusehen, ob er schon keimt. Die

Evolution ist das Lebensprinzip, sie bringt die Dinge zum Wachsen und schafft Neues. Man muss ihr nur vertrauen und ein wenig Geduld haben.
Wenn Sie einen Apfelkern säen und sich daraus ein Apfelbaum entwickelt, der Äpfel trägt, dann ist dies der Zweck des Baumes. Er blickt sich nicht um und möchte nicht plötzlich Kirschen produzieren, wie der Kirschbaum neben ihm. Stellen Sie sich vor, Sie sind er Apfelbaum. Sie können nur sein, wer Sie wirklich sind und Ihre Natur nicht gewaltsam ändern. Strengen Sie sich an, mehr Äpfel zu produzieren, aber es ist unmöglich, Kirschen wachsen zu lassen. Anstatt sich auf das zu konzentrieren, was Sie *nicht* haben können, sollten Sie Ihre Energien in das investieren, das Ihrer inneren Natur entspricht. Wenn Sie lernen, diese zu lieben und Sie leidenschaftlich gerne Ihre Äpfel wachsen lassen, sind Sie im Flow und haben Ihr Ikigai gefunden.
Was ist Ihre wahre Motivation? Konzentrieren Sie sich auf Wünsche und Sehnsüchte, die Sie durch Zwang versuchen zu erreichen? Alles, was wir zwanghaft bewerkstelligen möchten, ist resultatorientiert und nicht prozessorientiert. Die Mühen, die Sie dabei auf sich nehmen, sind zu hoch und das Resultat ist Energielosigkeit, Müdigkeit, Frustration.
Alles, was wir aus Inspiration und Leidenschaft tun, geht uns lockerer von der Hand und hält unsere Motivation aufrecht. Wir leben in Harmonie, lernen Selbstliebe und versuchen nicht, alles mit Gewalt zu kontrollieren. Sich mit dem natürlichen Fluss des Lebens treiben zu lassen heißt nicht, passiv zu sein. Auch im Strom kann man sich nicht

einfach ausruhen. Es bedeutet jedoch, dass man sich auf die wichtigen Dinge im Leben konzentrieren kann, anstatt auf Probleme und Blockaden zu versteifen. Sie kommen schneller voran und lernen dabei mehr.
Es ist nicht leicht, sich nur treiben zu lassen und dem Lebensstrom zu vertrauen. Um das zu erreichen, ist anfangs ein wenig Zwang erforderlich, um zu lernen, wie man loslässt, aufhört, alles kontrollieren zu wollen, und an sich und seine Ziele glaubt. Um dies zu bewältigen, muss Achtsamkeit geschult und trainiert werden, um in sich hineinzublicken und Blockaden zu erkennen und entsprechend zu handeln.

„Das Leben ist wie eine Welle. Sie können nicht dagegen ankämpfen, aber Sie können lernen zu surfen.“

Beim Surfen paddeln Sie in das offene Wasser und warten geduldig, während Sie sich treiben lassen, auf die perfekte Welle. Um diese ideal erreichen zu können, müssen Sie mit ihr paddeln, um dann im richtigen Moment kraftvoll aufzustehen und auf ihr zu „reiten“. Sie konzentrieren sich vollkommen darauf, mit ihr im Fluss zu sein, dorthin zu gehen, wohin sie Sie treibt. Sie fahren auf der Welle Kurven, werden langsamer oder schneller und fokussieren sich auf Ihre Balance.
So ist es auch mit dem Strom des Lebens. Sie benötigen nur anfangs ein wenig Kraft, um die Dinge in Gang zu bringen, um dann voll und ganz darauf zu vertrauen, dass Sie den

richtigen Weg gehen. Die folgenden neun Schritte helfen Ihnen dabei, in den Fluss zu kommen und ein Leben mit Ikigai zu führen.

1. Gefühle priorisieren

Bevor Sie etwas tun, sollten Sie prüfen, ob Sie einen Widerstand fühlen, der Sie blockieren könnte. Beginnen Sie mit einer Aufgabe, die Sie nur halbherzig machen, wird das Resultat unbefriedigend sein. Es wird Sie sehr viel mehr Energie und Zeit kosten, als wenn Sie etwas tun, hinter dem Sie voll und ganz stehen können. Fühlen Sie in sich hinein, was Sie blockiert. Versuchen Sie, es zu greifen und zu verstehen. Identifizieren Sie sich nicht mit diesen Problemen, sondern betrachten Sie sie von einem anderen Blickwinkel. Oft lösen sich diese innerlichen Blockaden von ganz alleine auf, wenn man sie genauer betrachtet und versteht.

2. Nicht nach Erwartungen handeln

Sie sollten nicht Ihre Egowünsche erfüllen wollen oder das erreichen, was andere von Ihnen erwarten. Um ein zufriedenes Leben führen zu können, müssen Sie sich auf Ihre Seelenwünsche fokussieren. Nur wenn Sie etwas mit Leidenschaft und Inspiration tun, fühlen Sie sich glücklich und es fällt Ihnen leicht, hart an einem Ziel zu arbeiten. Sie lernen viel schneller und kommen einfacher und zügiger zum Ziel.

3. Persönlichkeitsaspekte vereinheitlichen

Jeder Mensch besteht aus vielen verschiedenen Persönlichkeitsfaktoren, welche nicht selten gegeneinander arbeiten. Wir nutzen oft die Phrase „Der Kopf sagt Ja, der Bauch sagt Nein". Wir tendieren also dazu, uns durch Bedürfnisse, Vorurteile und dem, was wir in der Vergangenheit erlebt haben, selbst zu blockieren. Demnach führen wir ständig einen inneren Kampf mit uns selbst. Um in den Flow zu kommen, müssen Sie diese Persönlichkeitsteile zusammenführen und eine innere Ganzheit erschaffen. Das Leben wird harmonischer, einfacher und schafft Raum dafür, vorwärtszukommen und Hindernisse zu überwinden.

4. Verlangen und Wünsche durch Absicht ersetzen

Ein Verlangen ist sehr bedürftig und abhängig. Es beruht auf einen Mangel von etwas, das wir haben möchten. Die Motivation ist, diesen zu füllen. Wünsche sind sehr vage und teilweise unrealistisch und damit schwer zu erfüllen. Eine Absicht hingegen ist klar und entschieden. Die Motivation der Absicht ist es, einfach zu tun. Mit Wünschen oder Verlangen sind Sie nicht im Fluss. Anstatt sich selbst zu sagen „Ich möchte", „Ich brauche" oder „Ich werde", formulieren Sie diese Aussagen in „Ich beabsichtige" um. Dadurch haben Sie die Wahl, spüren keinen Widerstand und erreichen Ihre Ziele leichter.

5. Probleme nicht zu ernst nehmen

Eine unserer Hauptblockaden ist, Probleme viel zu ernst zu nehmen und zu überschätzen. Damit machen wir sie komplizierter, als sie in Wirklichkeit sind. Wir konzentrieren uns auf das Problem, analysieren es von jeder Seite, statt sich auf das Vorwärtskommen zu konzentrieren. Wir kreieren damit ein inneres Ungleichgewicht und identifizieren uns mit diesen Herausforderungen. Indem wir uns so sehr auf das konzentrieren, was wir *nicht* wollen, gehen wir direkt darauf zu.

Die Priorität liegt bei den Problemen und wir bauschen sie auf. Manchmal ist es ratsam, ganz einfach loszulassen, wieder nach vorne zu sehen und uns nicht aufhalten zu lassen. Das heißt nicht, dass Sie Probleme ignorieren sollten, denn sie gehen nicht einfach weg. Doch Sie verändern dadurch Ihren Blickwinkel und können die Situationen klarer von außen sehen und eine Lösung finden.

6. Kontrollierte Kontrolle

Wir tendieren dazu, Dinge manchmal zu sehr kontrollieren zu wollen. Wir fühlen uns Situationen mehr gewachsen, wenn wir das Gefühl haben, wir haben sie im Griff. Dabei werden wir allerdings zu reaktiv und indem wir durch das Gewässer steuern, einer Stromschnelle aktiv ausweichen, übersehen wir einen Felsen, an den wir durch das Ausweichmanöver stoßen.

Wir müssen langsamer werden, feine Kurskorrekturen durchführen, anstatt das Ruder hastig herumzureißen und dadurch nur neue Desaster zu erzeugen. Ein wichtiger Teil des Ikigai ist, langsamer zu werden, um bessere Resultate mit weniger Energieaufwand zu erreichen. Am Ende werden Sie dadurch schneller ans Ziel gelangen, als wenn Sie überhastet die volle Kontrolle übernehmen. Versuchen Sie auch, spontaner zu sein, mehr zu improvisieren und Ihre festen Erwartungen zu minimieren.

7. Meditation

Legen Sie immer wieder eine Pause ein und beobachten Sie Ihren Lebensfluss, um eine neue Perspektive gewinnen zu können. Mit ein wenig Abstand können Sie bessere Entscheidungen treffen und achtsamer sein. Sie sollten Herausforderungen in Ruhe betrachten und dabei entscheiden, ob Sie ein wenig mehr aktive Kraft investieren müssen oder eine Kursänderung durchführen müssen, ohne dabei auf neue Hindernisse zu treffen. Konzentrieren Sie sich mehr auf das Sein als das Tun.

8. Bringen Sie sich in Einklang mit dem Strom

Selbst wenn Sie es geschafft haben, mit dem Fluss zu treiben, so werden Sie auf Hindernisse treffen oder in Stromschnellen geraten. Dies ist ganz normal und trägt dazu bei, Probleme zu bewältigen und es fördert das lernen.

Achten Sie auf Ihre Gefühle und die Botschaften, die Sie auf Ihrem Weg erhalten. Verlieren Sie nicht die Sicht auf die essenziellen Dinge und werden Sie auch nicht zu passiv. Gönnen Sie sich eine Auszeit, wenn es Ihnen zu schnell geht. Ändern Sie von Zeit zu Zeit Ihren Kurs und passen Sie ihn an die Gegebenheiten an. Das heißt nicht, dass Sie gegen den Strom schwimmen sollen. Ändern Sie Ihren Ort, schwimmen Sie ans Ufer für eine kleine Pause, um einen anderen Blickwinkel zu gewinnen.

9. Achten Sie auf Inspirationen

Achten Sie mehr auf Ihre Gefühle und vertrauen Sie Ihrem Bauchgefühl. Wenn Sie Inspirationen spüren, handeln Sie öfter danach, ohne zu viel nachzudenken. Wenn sich etwas gut anfühlt, tun Sie es, ohne an die möglichen Konsequenzen zu denken, die *vielleicht* daraus resultieren. Was hält Sie zurück? Lassen Sie sich nicht bremsen, nur weil man etwas nicht macht oder es ungewöhnlich ist.

Vertrauen Sie dem Strom des Lebens, dass er Sie genau zu dem Ziel bringen wird, an das Sie kommen möchten. Indem Sie sich Ihrem Ikigai widmen, den Zweck im Dasein kennen und danach handeln, müssen Sie nicht mehr für ein ruhiges und zufriedenes Leben kämpfen. Folgen Sie Ihrem inneren Fluss und Sie werden dankbar sein und Erfolg mit dem haben, was Ihnen wichtig ist, es wird Sie erfüllen. Das Leben ist kein Kampf, es ist *magisch*.

Kapitel 11:
Wie Sie Menschen finden, die Ihnen gut tun und diese anziehen

Im zweiten Kapitel konnten Sie bereits über die Wichtigkeit von sozialen Kontakten lesen. Freunde beeinflussen unsere Gesundheit noch mehr als die Familie. Intensive Beziehungen zu Menschen, die uns für das lieben, wer wir wirklich sind, erhöhen unsere Lebenserwartung um bis zu 22 Prozent.

Es ist nicht die Anzahl von Freunden, die wichtig ist, sondern die Intensität der Beziehung und ob Sie sich gegenseitig so akzeptieren, dass Sie sich nicht verstellen müssen. Genauso können toxische Verbindungen unser Leben enorm verkürzen, da wir einsam werden, uns wertlos fühlen und sich Unsicherheit breitmacht. Besonders den Menschen, denen wir am nächsten stehen, möchten wir helfen, für sie da sein und sehen, dass sie glücklich sind.

Doch nicht immer haben wir die Möglichkeit, Freundschaften ein Leben lang zu halten. Sei es durch Umzug in eine andere Stadt oder in ein fernes Land, veränderte Lebensumstände wie eine eigene Familie gründen oder aus Zeitmangel. Nicht selten verlaufen sich gute Freundschaften im Sand. Neu anzufangen und neue Freunde zu finden, die nicht nur oberflächliche Bekannte sind, sondern enge Vertraute, ist nicht einfach. Beachten Sie die folgenden Punkte, und Sie werden sehen, dass neuartige, intensive Freundschaften auch im Erwachsenenalter möglich sind.

1. Warten Sie nicht auf den „perfekten Freund“

Erinnern Sie sich an Ihre Kindheit zurück, als es noch einfach war, Freundschaften zu schließen. Warum war das so? Die Erwartungen an den potenziellen neuen Freund waren viel geringer. Kinder gehen unvoreingenommen aufeinander zu. Sie denken nicht darüber nach, was wäre, wenn. Sie haben keine vorgefertigte Liste in ihrem Kopf, was ein Freund erfüllen muss.

Wir haben über die Jahre gewisse Wunschvorstellungen entwickelt, was wir an Freunden mögen und schätzen und was nicht. Und genau diese Beschaffenheit muss ein neuer Freund haben. Doch was, wenn diese Person ganz andere tolle Eigenschaften hat?

2. Auch Sie sind nicht perfekt

Wenn wir jemanden zum ersten Mal treffen, möchten wir vollkommen erscheinen und uns von unserer besten Seite zeigen. Wir denken, dass wir nicht liebenswert sind, wenn wir uns so geben, wie wir sind. Damit setzen wir uns unter Druck und wirken nicht authentisch.

Nur indem Sie zeigen, wer Sie sind, können Sie gesehen werden und ziehen damit die richtigen Menschen an. Wenn Sie lediglich etwas vorspielen und Zeit mit Personen verbringen, die Sie gar nicht sehen *können*, verschwenden Sie nicht nur Ihre Zeit und Energie, sondern auch die von anderen.

3. Machen Sie den ersten Schritt

Sie werden nun vielleicht sagen, Sie sind schüchtern und trauen sich nicht, jemanden anzusprechen. Sie blicken neidisch auf diejenigen, die nach einer Party jeden kennen. Warum ist das so?

Diese Personen denken nicht an eine Ablehnung, die sie eventuell erfahren könnten. Sie haben durch häufige soziale Kontakte gelernt, wie man mit Menschen spricht. Es ist falsch anzunehmen, dass manche einfach mit dem Talent geboren sind. Es ist tatsächlich eine Übungssache. Je öfter Sie die Kommunikation mit Fremden üben, umso sicherer und flüssiger werden Sie. Wenn Sie jedoch lediglich in einer Ecke stehen und warten, bis Sie angesprochen werden, verstärken sich Ihre Ängste vor Ablehnung noch mehr.

Sie werden erstaunt sein, wenn sie einen extrovertiert wirkenden Menschen danach fragen, ob er oder sie keine Angst oder Unwohlsein bei der Kommunikation mit Fremden hat. Die meisten werden zugeben, dass es auch für sie anfangs unangenehm ist. Doch mit der Zeit verlieren Sie diese Unsicherheiten und alles geschieht ganz natürlich.

4. Pflegen Sie neue (und alte) Freundschaften
Auch bei neuen Bekanntschaften ist es wichtig, diese Beziehungen zu pflegen. Warten Sie nicht darauf, bis sich die andere Person bei Ihnen meldet. Es kann viele Gründe geben, warum sie es nicht macht, welche vielleicht nichts damit zu tun haben, dass sie Sie nicht interessant fand und sich gerne wieder treffen würde.

Allerdings sollten Sie auch nicht zu vorschnell sein und denken, dass Sie sofort beste Freunde sind. Dies wirkt sehr verzweifelt und es besteht die Möglichkeit, dass Sie in eine Freundschaft investieren, die keine ist. Enttäuschungen sind somit vorprogrammiert.

Freundschaften benötigen Raum zur Entfaltung. Es ist wichtig, eine Balance zu finden. Melden Sie sich bei dem anderen, schlagen Sie ein Treffen vor, jedoch sollten Sie darauf achten, nicht zu aufdringlich und verzweifelt zu wirken. Geben Sie dem zarten Pflänzchen Zeit zu wachsen. Das gilt natürlich auch bei bestehenden Freundschaften. Warten Sie nicht nur darauf, dass sich jemand bei Ihnen meldet, denn irgendwann verläuft die Verbindung sonst im Sand.

5. Seien Sie nicht misstrauisch

Sie haben in Ihrem Leben bereits viele Erfahrungen gemacht und einige davon waren nicht erfreulich. Das heißt jedoch nicht, dass Sie deshalb niemandem mehr trauen können. Versuchen Sie, schmerzhafte Erfahrungen hinter sich zu lassen und diese nicht auf neue Bekanntschaften zu projizieren. Sie konzentrieren sich sonst zu sehr auf eventuelle schlechte Eigenschaften dieser Person, dass Sie die wertvollen Merkmale nicht sehen können. Nicht jeder hegt böse Absichten, auch wenn Sie das glauben mögen. Es ist an der Zeit, schöne Erlebnisse zu kreieren!

6. Sprechen Sie nicht nur über sich selbst

Wir alle kennen diese Art von Menschen, die ausschließlich von sich erzählen und sich profilieren müssen. Dabei interessieren sich diese nicht für die andere Person, sondern benutzen sie nur dafür, selbst gut auszusehen.

Achten Sie darauf, nicht zu viel von sich zu erzählen, denn ein Kennenlernen ist kein Wettkampf. Schließlich möchten Sie mehr über diesen Menschen erfahren, der Ihr künftiger Freund sein könnte. Sie suchen nicht nach jemandem, der Ihnen nur zuhört, egal, was Sie von sich geben, sondern eine Person, mit der Sie sich austauschen können. Warten Sie darauf, bis Sie nach etwas gefragt werden und versuchen Sie dann nicht, anzugeben oder zu übertreiben. Seien Sie Sie selbst.

7. Seien Sie nicht verschlossen

Auf der anderen Seite sollten Sie jedoch nicht ausschließlich zuhören und dabei nur wenig von sich preisgeben. Es gilt, eine ausgewogene Konversation herbeizuführen. Wenn Sie nichts von sich erzählen, ist es schwer, einschätzen zu können, was Sie denken oder fühlen. Sie möchten für das gemocht und gesehen werden, wer Sie sind, also müssen Sie sich auch zeigen. Dabei sind nicht nur Eckdaten gemeint, was Sie arbeiten oder wo Sie wohnen. Sprechen Sie weniger über allgemeine Dinge wie das Wetter oder aktuelle Geschehnisse, sondern gehen Sie ruhig etwas tiefer. Was bewegt Sie? Beginnen Sie eine interessante Konversation, indem Sie von diesem Buch erzählen, das Sie gerade lesen.

Sicherlich fühlt man sich dadurch verletzlicher, doch wenn Sie Punkte finden möchten, die Sie mit der anderen Person verbinden könnten, müssen Sie dieses Risiko eingehen.

8. An falschen Freunden nicht festhalten

Verschwenden Sie nicht Ihre Zeit mit Freunden, die keine sind. Wenn Sie das Gefühl haben, dass Sie lediglich investieren, aber kein Interesse an Ihnen gezeigt wird, Sie vielleicht sogar negativ beeinflusst werden, sollten Sie sich von dieser Beziehung trennen. Freunde sind dazu da, sich gegenseitig zu helfen, sich aufzubauen und nicht hinunterzuziehen. Doch leider gibt es Menschen, die toxisch für andere sind. Sie müssen davon Abstand nehmen. Das klingt sehr hart und herzlos, ist jedoch notwendig, um Ihre psychische Gesundheit aufrecht zu erhalten. Wer sich nicht für Sie freuen kann, wenn Ihnen etwas Gutes widerfährt, sondern vielleicht sogar eifersüchtig reagiert, hat keinen Platz in Ihrem Leben verdient.

Wenn Sie sich von einer solchen Person trennen, machen Sie keinen großen Zirkus daraus und vor allem keine Vorwürfe. Minimieren oder besser noch, streichen Sie die Zeit, die Sie mit ihr verbringen sollten. Somit schaffen Sie Platz für Menschen, die wichtig sind in Ihrem Leben.

Kapitel 12:
Shukanka – wie Sie ihre Ziele Schritt für Schritt erreichen

Shukanka kommt aus dem Japanischen und bedeutet „etwas zur Gewohnheit machen“. Es geht darum, einen Weg zu finden, positive Routinen aufrechtzuerhalten und Selbstdisziplin zu entwickeln. Aber nicht darum, sich über Nacht neue Verhaltensweisen anzueignen, sondern kleine Schritte zu unternehmen, um sich verbessern.

Vielleicht erinnern Sie sich, als Sie schreiben lernten. Noch heute müssen Kinder, die das Alphabet einstudieren, Buchstabe für Buchstabe immer wieder wiederholen. Diese Übungen helfen, etwas zur Routine zu machen. Durch Wiederholung, Willenskraft und Selbstdisziplin, die uns dabei gelehrt werden, wird das Schreiben zur Gewohnheit und es geht ganz automatisch von der Hand.

Doch damit ist es nicht genug. Eine neue Fähigkeit muss immer wieder geübt werden, um nicht stehen zu bleiben, sobald man sich etwas angeeignet hat. Egal, ob Sie die Disziplin finden, um Sport zu treiben, in einem sauberen, organisierten Zuhause zu leben oder sich die Zeit nehmen, alle Aufgaben zu erledigen, die Sie aufarbeiten möchten. Wenn Sie von Anfang an hart arbeiten, wird später vieles einfacher. Ohne positive Gewohnheiten werden Sie Ihre Arbeit nie erledigen oder Sie benötigen zu viel Energie und

Zeit, um Pflichten von Ihrer To-do-Liste abzuhaken. Sie sollten sich ständig verbessern, Ihre Methoden ändern oder anpassen und sich selbst herausfordern.
Es geht nicht darum, die Dinge perfekt zu machen oder unrealistische Standards für sich selbst zu setzen. Es gibt das japanische Sprichwort „Naseba naru“, das grob übersetzt bedeutet: *„Wenn Sie Maßnahmen ergreifen, wird es passieren.“* Nichts geschieht über Nacht. Sie brauchen Zeit, Disziplin, Hingabe und harte Arbeit, manchmal sogar ein paar Tränen, um dorthin zu gelangen, wo Sie sein möchten.

„Der Anfang ist einfach. Weiterzumachen ist schwer.“
- Japanisches Sprichwort

Es ist einfach, sich gehen zu lassen, wenn man keine Verpflichtungen hat. Sie schlafen lange, sehen sich endlose Serien auf Netflix an und essen Junkfood. Eine Pause wie diese kann sinnvoll sein, jedoch kann dieses Verhalten viel zu schnell zu einer schlechten Gewohnheit werden. Sie kommen nicht voran, Sie erreichen nichts, Sie tun nichts, was einen Zweck oder Sinn hat, und Sie fühlen sich nicht ausgeglichen.
Sobald Sie die volle Aufmerksamkeit auf Ihre mentale und körperliche Gesundheit lenken, etwas Sinnvolles tun und die richtigen Prioritäten setzen, können Sie Dinge schaffen, die Sie glücklich machen. Sie haben bereits einige Methoden gelernt, wie Sie Ihr Ikigai finden, sich

entspannen, nach einem Zweck leben können, doch jetzt geht es darum, wie Sie diese Philosophien und Praktiken langfristig in Ihr Leben integrieren können. Sie müssen diese neuen Fähigkeiten automatisieren, sie zur Gewohnheit machen. Die folgenden Strategien helfen Ihnen dabei, wahre langfristige Veränderungen herbeizuführen.

Umsetzung in die Praxis

In der japanischen Kultur ist die Teezeremonie ein wichtiger Aspekt des alltäglichen Lebens. Einige Facetten konnten Sie bereits in den vorangegangenen Kapiteln kennenlernen. Auf der Lebensreise mit ständigem Streben nach Selbstverbesserung und Disziplin, so heißt es, erreicht man kein Niveau, sondern man erhält die Erlaubnis, den nächsten Weg zu gehen und weiter zu lernen. Diese Reise hat niemals ein Ende.

Der Gedanke, dass wir niemals „fertig" sein werden, kann anfangs sehr unbefriedigend sein. Doch wenn Sie es genauer betrachten, bedeutet es eine Chance, immer wieder neu beginnen zu können und sich stets weiterzuentwickeln. Wie können Sie es in Ihr tägliches Leben integrieren?

1. *Akzeptieren Sie Hindernisse*
   Akzeptieren Sie Stolpersteine, Herausforderungen, Misserfolge, die unvermeidlich sind, aber auf lange Sicht dazu dienen, Sie stärker zu machen. Das Sprichwort „ame futte ji katamaru", „Nach dem Regen härtet die Erde aus" trifft es besonders gut.

Widrigkeiten schaffen Charakter, sie machen uns stärker und unsere Geschichten ein bisschen interessanter.

2. *Machen Sie kleine Schritte*
   Gehen Sie schrittweise vor, immer einen kleinen Schritt nach dem anderen. Lassen Sie sich nicht überwältigen vom großen Ziel und üben Sie nicht zu viel Druck auf sich selbst aus, indem Sie zu viel übernehmen. Arbeiten Sie fleißig, ständig und konsequent.
3. *Akzeptieren Sie Unvollständigkeit*
   Akzeptieren Sie, dass nichts jemals wirklich vollständig ist. Wenn Sie lange genug auf etwas starren, werden Sie immer etwas finden, das Sie optimieren und verbessern können. Lassen Sie los, was Sie nicht kontrollieren können.

Kaizen: Zum Besseren verändern

Kaizen ist ein anderer Begriff aus dem Japanischen und setzt sich aus „kai“ Veränderung, Wandel und „zen“ zum Besseren zusammen. Damit ist die permanente Verbesserung von Tätigkeiten, Abläufen oder Verfahren gemeint. Kaizen und Shukanka sind Dinge, die für selbstverständlich gehalten werden. Aber sie haben die Macht, Ihr Leben zu verändern und dabei einzelne Aspekte zu vereinfachen.

Kaizen wird oft in Unternehmen verwendet, so nutzte Toyota beispielsweise das Konzept nach dem Zweiten Weltkrieg, um die Produktion zu verbessern und die Effizienz zu steigern, indem kleine, kontinuierliche Verbesserungen in den Herstellungsprozessen vorgenommen wurden. Das ultimative Ziel für Betriebe bei der Anwendung des Kaizen-Systems besteht darin, Verschwendung zu beseitigen und effizienter ans Ziel zu gelangen.
Während Kaizen als Konzept eine starke geschäftliche Bedeutung hat, geht seine Relevanz weit darüber hinaus. Sie sind keine Maschine, daher mag es bizarr erscheinen, diese scheinbar mechanischen Theorien auf Ihr Leben anzuwenden. Jedoch kann es Sie zum Nachdenken anregen.

- *Zusammenarbeit*
  Vielen fällt es schwer, um Hilfe zu bitten, da es ein Zeichen von Schwäche oder Versagen sein könnte. Doch jeder braucht im Leben Unterstützung. Große Dinge wurden nie von einer Einzelperson erschaffen. Der Schlüssel sind Teamwork und der Aufbau persönlicher und beruflicher Beziehungen. Es ist immer ein Geben und Nehmen im Leben, was bedeutet, dass Sie desgleichen für andere da sind, wenn diese Ihre Assistenz benötigen. Rufen Sie sich den Aspekt des Ikigai in Erinnerung, dass Hilfe leisten Dankbarkeit in Ihnen und anderen hervorrufen wird.

- *Disziplin*
  Um Ihre Ziele erreichen zu können, benötigen Sie Disziplin. Sei es früh aufzustehen, um Ihre Morgenmeditation durchzuführen oder vor der Arbeit zu joggen, sich für die Woche Lunchpakete zu kochen, um auf eine gesunde Ernährung zu achten, oder eine Tätigkeit noch vor Ablauf der Frist zu erledigen. Die treibende Kraft für diese Disziplin ist Motivation.
  Finden Sie den Sinn hinter diesen Dingen, konzentrieren Sie sich auf das Endergebnis, durch das Sie sich frischer, ausgeglichener und energievoller fühlen. Oft ist es eine Herausforderung, sich zu lästigen Pflichten zu motivieren. Denken Sie an das Endergebnis, welchen direkten oder indirekten Zweck diese Tätigkeiten darstellen. Um die schönen und angenehmen Dinge im Leben genießen zu können, müssen auch weniger spannende Aufgaben erledigt werden, die den Weg für Schönes ebnen.
- *Reflexion*
  Die Bewertung von persönlichen oder beruflichen Makeln mag eine besondere Herausforderung sein, jedoch ist es wichtig für Ihren Seelenfrieden. Stellen Sie sich die Frage, warum Sie sich auf eine bestimmte Art und Weise in einer konkreten Situation verhalten haben. Was würden Sie tun, wenn Sie wieder in die gleiche Lage kommen?

Wenn Sie über sich selbst nachdenken, offen mit anderen darüber diskutieren und ehrlich sind, können Sie künftigem Schmerz entgegenwirken. Fragen Sie andere nach einer Rückmeldung, wie sie bestimmte Situation empfunden haben. Sie machen sich dadurch nicht verwundbar, eher das Gegenteil. Andere werden Sie dafür respektieren, dass Sie sich Fehler eingestehen und um eine offene Diskussion bitten, wie dieser künftig vermieden werden kann.

- *Setzen Sie Standards*

  Setzen Sie hohe Standards für sich selbst, aber bleiben Sie dabei realistisch und gehen Sie nicht zu harsch mit sich und anderen um. Stecken Sie Ihre Maßstäbe zu hoch, werden Sie nur enttäuscht. Stellen Sie sich jedoch Herausforderungen und versuchen Sie, Ihr Bestes zu geben. Das Erreichen von Zielen ist motivierend und wird Sie anspornen, noch mehr zu schaffen.

- *Authentizität und Transparenz*

  Setzen Sie sich klare Ziele und verpflichten Sie sich dazu, sie zu erreichen. Doch denken Sie daran, immer realistisch zu bleiben. Wenn Sie sich Ziele setzen, die Sie niemals erreichen können, werden Sie frustriert sein. Jedes Ziel sollte dennoch eine Herausforderung darstellen, also krempeln Sie die Ärmel hoch und packen Sie es an - und bleiben Sie dabei!

Wie Sie sich mit Shukanka Dinge zur Regel machen

Langfristige Veränderungen finden niemals über Nacht statt, sondern sie werden durch subtilere Techniken erreicht. Machen Sie kleine Schritte, bevor Sie sich für einen Marathon anmelden. Setzen Sie sich hin und lernen Sie die Buchstaben, bevor Sie mit dem Schreiben eines Bestsellers beginnen.

Listen erstellen

Da unsere Gehirne Informationen visuell verarbeiten, eignen sich Listen sehr gut, um Tätigkeiten zu erledigen. Sie können sie auf die herkömmliche Art und Weise mit Zettel und Stift erstellen oder eine App auf Ihrem Smarttelefon nutzen. Die Wirkung von handgeschriebenen Notizen ist jedoch größer. Eine Liste auf dem Handy kann schnell in Vergessenheit geraten.

Teilen Sie Ihre Aufgaben in kleine, leicht durchführbare Etappen auf. Stecken Sie sich für ein großes Ziel viele kleine. Wenn Sie einen Meilenstein erreicht haben, fühlen Sie sich zufrieden und motiviert, weiter zu machen. Auf diese Art und Weise sind Sie produktiver. Wenn Sie eine Aufgabe erledigt oder ein Ziel erreicht haben, feiern Sie es, klopfen Sie sich auf die Schulter und seien Sie stolz darauf!

Erstellen Sie einen Wochenplan

Die Planung der kommenden Woche hilft Ihnen dabei, Ihre Zeit einzuteilen und Raum für sich und angenehme Dinge

zu schaffen. Am besten eignet sich ein großes Blatt Papier oder ein Wandkalender, den Sie mit den Zielen der nächsten Woche füllen. Auch hier gilt: Bleiben Sie immer realistisch, verlangen Sie nicht zu viel von sich, aber binden Sie Herausforderungen ein.
Kleine Änderungen, die Sie nach und nach implementieren, sind der Schlüssel, um positive Dinge nachhaltig zu einer Gewohnheit zu machen.

Kapitel 13:
Die Wahrheit über Selbstliebe

Es gibt unglaublich viel Information im Internet darüber, dass Sie sich selbst lieben müssen, und alles ist einfach. Klopfen Sie sich auf die eigene Schulter, denn Sie haben Erfolg im Beruf, eine tolle Familie, Sie treiben Sport und ernähren sich gut - also lieben Sie sich selbst.
Doch genau hier liegt der Irrglaube. In unserer Leistungsgesellschaft lernen wir schon sehr früh, was nötig ist, um geliebt zu werden. Wir schreiben eine Eins in der Schule, wir werden gelobt und belohnt. Wir erreichen nur eine Fünf und wir werden getadelt, bekommen keine oder weniger Liebe und werden dazu aufgefordert, härter zu arbeiten. Was wir daraus lernen, ist, dass wir nur geliebt werden und uns selbst lieben können, wenn wir Leistung erbringen. Wir bekommen ein viel zu oberflächliches Bild davon vermittelt, was Eigenliebe bedeutet. Doch was ist Selbstliebe wirklich?
Typische Mythen sind, dass Sie alles bedingungslos an sich lieben müssen und Sie keine negativen Gefühle haben dürfen. Wenn es Ihnen gelingt, alles an sich zu mögen und durchweg positive Gedanken zu haben, so lieben Sie sich wirklich. Das ist nicht nur unmöglich, sondern es ist einfach falsch. Selbstliebe ist nicht das, was wir tun, was wir haben

oder wie wir aussehen, sondern es ist das, was wir sind. Sie *sind* Selbstliebe.

Ein Neugeborenes ist noch pure Herzenswärme, Frieden und Freude. Es lebt im Hier und Jetzt in einem natürlichen Zustand von Fülle, Freiheit und Liebe. Selbstverständlich weint es, wenn es etwas benötigt, wie beispielsweise Nahrung. Dies ist für ein Baby überlebensnotwendig, damit die Mutter es hört und füttern kann. Es handelt rein aus Instinkt, um zu überleben.

Wir haben diesen Zustand im Laufe der Zeit verlernt und vergessen und können die Verbindung zu unseren Instinkten nicht mehr spüren. Wir leben in unseren Gedanken und Gefühlen, wer wir sein *müssen*, um gemocht zu werden. Ein Baby denkt nicht darüber nach, ob es hübsch genug erscheint, ob es eine gewisse Leistung erbracht hat, damit seine Mutter es liebt. Wir lernen im weiteren Leben, dass wir Ansehen dadurch erhalten, indem wir Geld und materielle Dinge anhäufen, einen einflussreichen Beruf haben und schön aussehen. Nur wenn wir das vorzeigen können, werden wir geliebt und sind gut genug.

Doch was passiert, wenn Sie all diese Dinge durch einen Schicksalsschlag verlieren? Was bleibt übrig? Wo verbleiben die Liebe und Anerkennung anderer und Ihre Liebe zu sich selbst? Sie betrügen sich, wenn Sie sich nur durch Erfolg anerkennen können. Ihre Selbstliebe ist auf Bedingungen aufgebaut und fallen diese weg, wissen Sie nicht mehr, wer Sie sind.

Blicken Sie tief in sich hinein und achten Sie auf das Bild, das Sie von sich haben. Dort gibt es positive Eigenschaften, indem Sie sagen, ich bin erfolgreich, ich liebe meine Haare und so weiter. Aber es gibt sicherlich auch negative Dinge, wie ich bin zu dick, ich verdiene zu wenig Geld, ich habe keinen Partner. Sie entsprechen nicht dem Ideal. Sei es nicht Ihrem eigenen oder dem anderer. Sie kreieren damit einen Widerstand in sich, eine Distanz zu sich selbst. Sie richten Ihre Lebensintelligenz gegen sich selbst, indem Sie etwas oder jemand sein möchten, der Sie nicht sind. Und anstatt sich so zu akzeptieren, wie Sie sind, sind Sie im Widerstand mit sich.

Selbstliebe beginnt mit Akzeptanz. Sie haben zehn Kilogramm zu viel? Nehmen Sie es an. Es ist in Ordnung. Haben Sie wirklich etwas mehr auf der Waage, oder wird es Ihnen von der Gesellschaft eingeredet? Müssen Sie sehr schlank sein, um geliebt zu werden? Entspannen Sie sich ein wenig und akzeptieren Sie das Extragewicht. Damit nehmen Sie den Druck weg, den Sie sich selbst auferlegen. Einen Makel anzunehmen oder etwas, das nicht Ihrem eigenen Idealbild entspricht, heißt nicht, dass Sie sich nicht weiterentwickeln werden und nichts ändern sollen. Selbstverständlich müssen Sie auf Ihre Gesundheit achten. Doch wenn Sie den Druck verringern und im Einklang mit sich selbst sind, haben Sie die Möglichkeit, Ihre Vision vom Sein umzusetzen. Sie können Ihre Ziele entspannt angehen und erreichen diese viel einfacher und schneller. Schließen Sie Frieden mit Ihrem imperfekten Selbst.

Die daraus resultierende Balance und Zufriedenheit geben Ihnen den Impuls, ein Feuer zu entfachen, das Sie motiviert, an sich zu arbeiten und voranzukommen. Achten Sie darauf, wenn Sie eine innere Ablehnung spüren, und feilen Sie daran. Durch Akzeptanz können Sie mit der Veränderung beginnen. Investieren Sie in sich selbst, indem Sie sich die Zeit nehmen, in sich hinein zu spüren. Bewerten Sie Ihre Makel nicht, begreifen Sie sie so, wie sie sind, seien Sie freundlicher zu sich selbst und machen Sie dann weiter. Richten Sie Niederlagen nicht gegen sich selbst, sondern nutzen Sie sie, um sich weiterzuentwickeln.

Danksagung

Vielen Dank, dass sie sich zum Kauf dieses Buches entschieden haben. Ich hoffe, dass ich Sie dazu inspirieren konnte, einige dieser Konzepte in ihr Leben zu integrieren.

Es liegt an Ihnen, wie Sie Ihr Leben gestalten. Ich wünsche Ihnen von Herzen viel Glück und Freude dabei!

Quellenverzeichnis

Wabi Sabi Simple: Create beauty. Value imperfection. Live deeply. - Richard Powell

Ikigai: The japanese Secret to a long and happy live – Héctor García and Francesc Miralles

Ikigai: Die japanische Lebenskunst – Ken Mogi

A Little Book of Japanese Contentments: Ikigai, Forest Bathing, Wabi-Sabi, and More - Erin Niimi Longhurst

Ikigai – Wie du den japanischen Weg zum Glück in dein Leben integrierst: Durch einzigartige fernöstliche Lebenskunst sich selbst finden, innere Stärke aufbauen und Alltagsstress loslassen - Manabu Yamamoto-Müller

https://ikigai-living.com/what-is-ikigai/

https://entregurus.com/5ikigai/

https://jennifershinkai.com/2020/08/28/ikigai-and-starting-small/

https://ikigai-living.com/release-yourself-to-find-your-purpose-ikigai-in-life/

https://ikigai-living.com/harmony-enhances-your-purpose-in-life/

https://ikigai-living.com/enjoy-the-little-things-in-life/

https://www.das-resilienz-programm.de/ratgeber/resilienzuebungen.html

https://www.lernen.net/artikel/waldbaden-shinrin-yoku-tipps-6048/

https://www.vita-blog.de/?p=115

https://www.massageratgeber.de/ratgeber/shiatsu-massage-anleitung/

https://www.netdoktor.de/stress/progressive-muskelentspannung-anleitung/

https://medium.com/personal-growth/wabi-sabi-the-japanese-philosophy-for-a-perfectly-imperfect-life-11563e833dc0

https://www.marthastewart.com/2225027/wabi-sabi-strategies-tips

https://logotherapie.de/was-ist-und-wem-hilft-logotherapie.html

https://sinnspuren.eu/auf-der-suche-nach-dem-sinn-im-leben-eine-anleitung/

https://www.existenzanalyse.org/wp-content/uploads/Buchner_2016_AA567.pdf

https://cental.org/de/how-to-do-laughter-yoga/

Autor: Akio Fischer
Verleger: David Netsch

Impressum

Angaben gemäß §5 TMG

David Netsch
Georg-Reismüllerstraße 31
80999 München

Telefon: +4917680201821
E-Mail: netschdavid@gmail.com

Printed in Germany
by Amazon Distribution
GmbH, Leipzig

25700093R00110